幼儿园

开放性区域活动指导

YOU'ERYUAN KAIFANGXING QUYU HUODONG ZHIDAO

吴邵萍　主编

3-4岁

教育科学出版社
·北京·

参 编 人 员

主　　编　吴邵萍

副 主 编　陈一平　俞燕婷

参编人员　吴邵萍　陈一平　成　媛　黄双雷　刘　晶

　　　　　马　骏　俞燕婷　张　琴　胡　蓓　尚蒙妮

　　　　　陶　蓉　徐　蓓　徐雯雯

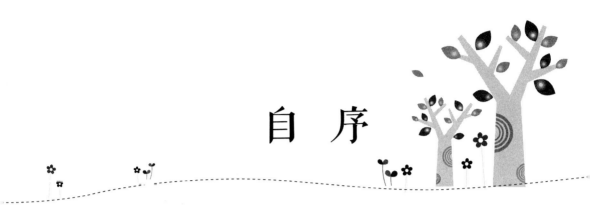

自 序

　　活动区是利用班级活动室、睡眠室、走廊等空间，分割的若干学习区域，包括科学区、艺术区、健康区、语言区等。设置活动区是为了满足幼儿自主性学习的需要，是落实《3—6岁儿童学习与发展指南》（以下简称《指南》）"要充分理解和尊重幼儿发展进程中的个别差异，支持和引导他们从原有水平向更高水平发展，按照自身的速度和方式到达《指南》所呈现的发展'阶梯'"的载体之一。但是，区域环境的创设、区域活动的设计、活动材料的投放与更新等方面都存在多项难点。

一、我园研究开放性区域活动课程的历程

　　回顾我园区域活动研究的历程，大体分为三个阶段。第一阶段，树立理念，制定活动组织规则。20世纪80年代末，我园成立了区域活动研究小组，将幼儿的学习融入区域活动之中，当时就提出了让幼儿自主选择和自主管理的自主性学习理念，特别是在活动组织方法上积累了经验，例如，合理布局活动室空间，通过鞋印等标志物限定各个区域一次进区的人数，建立了活动周转规则与材料提供系统化原则。

第二阶段，挖掘区域活动价值，研发区域活动内容和指导方法。从1997年我园进行开放性课程的建构起，我们重点研究了一些区域活动中幼儿的自主学习内容、区域活动对幼儿的发展价值、组织区域活动的方法和策略，但当时的研究尚不够深入、系统。

第三阶段，从2010年起，我们开始深化对开放性课程的研究，并着力研究区域活动中实践层面的问题，重在解决教师们在实践中的难点。

二、我园研究开放性区域活动课程的思路

（一）树立深化区域活动是促进幼儿自我发展和个性化发展的重要保障的观念

1. 区域活动保障了幼儿作为权利主体的自我意识和独立人格发展。

虽然从理论上大家都认同在儿童早期培养其自我意识和独立人格的重要性，但在我国文化背景下，无论在家庭还是幼儿园中，幼儿实践自我意识和独立人格发展的机会都非常少，更没有专门的活动来保障幼儿自我意识和独立人格发展，影响幼儿自我意识和独立人格的发展。活动区的创设为幼儿自我意识和独立意识发展提供了机会和实现的可能，所以幼儿每天至少应有一小时独立选择和实践的机会，包括选择进哪个区域、玩什么、与谁一起玩等。

2. 区域活动保障了幼儿有个性化、差异化发展的机会。

区域活动内容丰富、多样，层次分明，每个幼儿可以根据自己的需要、能力选择适合自己的学习进度、学习内容、学习方式、学习策略、学习时间，这有利于激发幼儿的学习动机，增强其学习主动性，并确保所有幼儿在原有水平上获得提高，从而达到让不同的发展水平的个体根据各自不同的发展需要开展学习的目的。如，同样选择在美术区域中学习折神仙鱼的两个幼儿，一个幼儿能力很强，看步骤图就学会了，折完神仙鱼后，又看着步骤图折青蛙。而另一个幼儿看了几遍都没有看懂，就反复看iPad中教师事先录制的折纸视频，该视频包括折纸全过程的慢动作演示以及关键步骤的语音提

示，能够多通道地帮助幼儿理解翻转、平移等空间概念，观看视频的学习方式满足了这个幼儿当下的能力需要。

因此，幼儿园不仅要将区域学习方式作为一日活动中的一个重要环节，用制度的形式保障幼儿个性化学习的机会，还应当像重视集体教学活动一样，每天都要安排区域活动，使其成为一日活动中的一个重要组成部分，从而保障幼儿的个性化、差异化和自主化学习，保障幼儿作为权利主体的自我意识和独立人格的充分发展。

（二）厘清集体教学和区域活动组织的区别

区域活动的组织形式可以是一段式——只有幼儿进区活动；两段式——开始环节导入+幼儿进区活动，或幼儿进区活动+结束环节交流评价；三段式——开始环节导入+幼儿进区活动+结束环节交流评价。对于一段式和两段式的组织形式，教师很容易和集体教学区别，而对于三段式的组织形式则易和集体教学混淆。为此，我们有必要阐述一下两者的区别。

1. 区域活动允许幼儿"跑题"。

集体教学一般围绕一个或几个关键经验、目标开展，每个幼儿都要去做，去达到这个目标，教学评估也是看有多少幼儿获得这个经验，它相对凸显的是预成式的学习，强调统一的学习速率和大家共同的兴趣点，要求所有幼儿基本保持在一个节奏，按部就班地进入教师引导的每一环节之中，不能"拐弯"或发散到其他个性化的问题之上。

而三段式区域活动虽然有三个环节，也有一定的目标，但是，它的中间环节是松散的、宽容的，允许幼儿"跑题"，即允许幼儿按照自己的兴趣来展开活动。虽然教师也期望幼儿围绕一个关键经验进行活动，可是相对于集体教学活动，幼儿被给予了更多的获取多样经验的可能性，以及自由发现的空间、机会。如，在科学区域"泡泡戳不破"探索活动中，虽然教师希望幼儿能够探索用牙签戳泡泡却戳不破的现象，并能尝试解释其原因。但一个幼儿在探索过程中，发现泡泡会飞，而且能飞得很高，他就一直尝试让泡泡飞到房顶上，结果整整35分钟都在很有兴趣地尝试这件事，到区域活动结束时还不罢休，还主动与大家分享自己如何让泡泡飞得很高且一直能飞到房顶上。另一个幼儿在戳泡泡的过程中发现，可以直接在装泡泡水的盘子中吹出泡泡用牙签实验，同样能得出戳不破的结果；还有的幼儿在研究如何让泡泡一直停留在吸管上不炸，研究如何在泡泡上再吹出泡泡来……正是因为"跑题"，每个人都非常有兴趣地专注于自己的研究主题，围绕玩泡泡幼儿获得了深刻的个人化经验，提出了多元化的问题。

2. 区域活动允许幼儿"拖时"或"缩时"。

在集体教学活动中，幼儿的学习节奏和每一环节的时间掌控，都是依据大多数幼儿的学习需要决定的，所以全体幼儿必须跟着教师的教学节奏，每一环节的时间对所有幼儿都是一样的，这对能力强或弱的幼儿都是不合适的，能力强的幼儿会产生不必要的等待，对于能力弱的幼儿会导致探索不充分，从而不能满足幼儿按照自己的学习速率来展开学习。

而在区域活动中，由于每次活动时间长达1小时，幼儿在这段充足的时间内，可以自行决定探索的时间。如，同样选择进入科学区的两个幼儿，都在玩让积木块平衡的游戏，一个幼儿用了10分钟，就成功地使积木的每一种组合方式（包括6—10块积木）都达到平衡状态，于是，他又选择去玩其他的科学游戏了。而一个幼儿在尝试7块积木块的平衡时怎么都不能使其平衡，整个区域活动时间他都在反复琢磨、尝试，直到区域活动快结束时他才成功了。由此，我们看到，正是因为区域活动比15分钟、20分钟、30分钟的集体教学活动的时间充足，才保障了每个幼儿可以自主地决定自己完成任务所需要的时间，保障每个幼儿能够自主地、从容地、充分地、尽兴地尝试探索、观察思考、解释分享……

3. 区域活动允许幼儿"跑区"。

区域活动时，幼儿可以不拘泥于某一个区域的学习，他们通过插牌或记录等方式自主选择第一个要玩的区域，当完成后，不仅可以去玩本区域中其他游戏，还可以到其他区域中活动。当幼儿完成当下某一区域或某一新活动后，能够再选择到其他自己感兴趣的区域中，这让幼儿始终处于兴趣高涨的状态，能够保障他们兴趣的持续性。如，某幼儿首选科学区中的积木平衡游戏，完成后，再到音乐区或其他区域中活动。

（三）强调区域活动中教师指导的适宜性

区域活动指导远不同于集体教育。很多教师会误以为区域活动中幼儿自由自主，教师干预较少，指导较为轻松。殊不知，区域活动更需要教师具有较高的专业水平，尤其是观察、诊断和互动的水平，在某种意义上，它对教师的要求要高于预成式的集体教学活动。它需要教师拥有充分的关于幼儿学习和发展的框架性知识，还要能够根据当下情境中幼儿出现的问题现场进行准确的判断，并及时给予适宜的支持和智慧的互动，进而真正发挥区域活动对于每个幼儿发展的独特价值。具体来说教师的指导要做到以下几点。

1. 判断幼儿当下的发展处于何种状态。

教师要判断造成幼儿出现某种状态的原因是什么，怎么解决。这需要教师不仅拥有某一内容领域的框架性知识，还要拥有幼儿各个领域发展的框架性知识；不仅要了解当下活动对于幼儿发展的核心经验，还要掌握围绕此活动能够降低难度向前发展或提高难度向后发展的相关活动和策略，即幼儿全面发展的方向和路径。

2. 判断何事需要介入。

教师要准确判断幼儿的困难在哪里，是不敢尝试、坚持不了，还是不清楚活动的规则或不清楚活动流程，还是操作方法错误或是思维能力的限制等。对此幼儿来讲，在这些困难中，哪些是他能够自己克服的，哪些是需要教师给予支撑的……教师要充分了解每个幼儿的学习特点、优势和弱势，只有如此，才能避免因教师不当介入，影响幼儿学习动机和自我潜能激发。

3. 判断何时是介入的最佳期。

区域活动中教师的指导有多种选择，可以在幼儿活动前、活动中、活动结束时，教师要判断对幼儿个体来说，在哪一个环节介入是最佳时刻，以提高介入的有效性。

4. 判断何种方式的介入最恰当。

教师要明确用怎样的方法介入最利于此幼儿的发展，是追问、与同伴讨论，还是示范。

在集体教学活动中，教师关注的是幼儿的整体发展水平，看到的更多的

是 "群体" 幼儿情况，引领群体集中围绕一个问题进行层层讨论，有时甚至只是与最高发展水平幼儿的对话。在区域活动指导中，教师是通过对每一个个体的深入观察来归纳、建构班级群体幼儿学习的整体经验和规律，它是对教育中 "活生生具体这一个"[①]的尊重与成全。区域活动利于教师更加清晰地了解每个个体的情况，帮助教师基于每一个个体情况对班级幼儿的情况做出整体判断。如果说集体活动是教师通过演绎法了解幼儿，那么区域活动就是教师通过归纳法来建构关于幼儿学习与发展的知识和规律。

区域活动是幼儿自主活动但不等于放任活动，高质量的或有效的区域活动，与教师的精心设计和指导有关。教师要做到观察幼儿在前，判断幼儿在后；幼儿探索在前，教师指导在后；幼儿表述在前，教师追问在后。教师还要做到以下几点。

（1）指导到每一个。

区域活动中幼儿自主选择进入不同的区域，作为教师不仅要清楚每个幼儿喜欢进入哪些区域、不喜欢进入哪些区域，而且要清楚班级中全体幼儿喜欢哪些区域、不喜欢哪些区域，既要保障对于每一位幼儿细致地观察、诊断，善用 "放大镜" 深看每一个、关爱每一个、研究每一个幼儿的某一面、每一面。

（2）指导贯穿全程。

区域活动的指导不仅体现在活动过程中，还更多地体现在活动之前和之后。在区域活动中，幼儿主要是通过与材料互动来实现发展，通过自己亲自操作，尝试探索获得知识、经验。所以教师的指导更多地体现在活动之前对所提供材料的思考，通过提供多元化、多层次的区域材料满足不同兴趣倾向、不同能力水平的幼儿的发展需求，不断激发他们自主学习的内驱力，满足他们的成就感。同时，教师还要在活动后对于幼儿学习过程中的记录、作品进行逐一的观察、分析、评估，做出区域材料投放的调整方案等。

---

① 徐传德.以 "新三基" 为引领 教育现代化新跨越 [J]. 基础教育参考，2012（21）：84.

（四）增加"替代教师"——数字化设备进区域

区域活动中，由于幼儿是分散在各个区域中的，更需要教师进入各个区域中，观察了解幼儿的学习过程、学习需求，给予适时支撑。可是现实是我国大多数幼儿园班级中只有两位教师，每班幼儿至少有三十几个，一个班至少有五六个活动区域，无法同时满足对每个区域中幼儿的指导需要。这是教师认同区域活动对于幼儿独特的发展价值，却始终坚持不下去的主要原因：教师忙不过来。这也是我们在研究中着力解决的问题之一：在凸显幼儿的自我管理和自我学习能力的同时，解决每个区域中教师了解每个幼儿学习情况并给予及时的支撑的问题，否则，区域活动对幼儿的发展价值将不能充分体现，教师们的热情也会降低。

我们一方面提高教师对于区域活动的指导意识和能力，控制班级人数，吸引保育员和家长志愿者加入区域的指导；另一方面我们通过数字化设备和信息化手段，解决目前我国师生比过大的问题，让幼儿能够随时随地找到"替代"教师，解决当下的个别化问题，从而获得积极的支持，不断向前发展。

1. 制作微课，为幼儿自主探索学习提供支架。

我们围绕各区域活动中幼儿可能遇到的学习重点、难点、易错点及兴趣点来开发系列化微课，同时根据各领域本年龄段的学习内容按照一个个知识点进行拆分，制作成单个知识点的微课，放在各区域的iPad中，以便幼儿在进入每个区域活动时都能自主学习。如在中班健康区中，教师围绕中班幼儿喜爱和能够制作的食品选择制作了爆米花、蛋糕等烹饪微课。幼儿根据自己希望制作的食品选择相应的微课，自己学习制作方法和步骤；在大班美术区中，教师制作了编织围巾、帽子的系列微课；在小班美术区制作了泥工水果系列微课等。

2. 提供PPT菜单，为幼儿自主探索提供支架。

教师结合课程内容、幼儿能力水平及兴趣点选择优秀的视频资源做成PPT菜单，幼儿只要点开相应的链接即可进行学习。这些菜单图标均通过截取这些学习材料的相应图组成，便于幼儿通过看图快速找到自己想学习的内容并点击对应的链接展开学习。同时，教师还将一些集体学习中的单个学习材料制成单个PPT，并将此学习材料中的难点用截图、视频截取或逐个分解的方式进行链接，便于幼儿根据自己的学习难点选择某个点展开反复学习。如，幼儿在学习过幼儿版的《小苹果》后，教师为了给幼儿一定的挑战性，同时帮助他们感受到同一歌曲可以创编成不同的风格和难度的舞蹈。教师将成人版男生《小苹果》舞蹈视频制作成正面跳、背面跳、慢速讲解不同的版本，并将舞蹈分解为每一个动作的片段，然后进行链接，便于幼儿根据自己的需要点击链接展开自主学习。在学习中，幼儿采取先反复看慢速讲解，然后对着自己学不会的难点动作反复看的方法来进行探索学习。这样的PPT成为每个幼儿个性化自主探索学习的支架。

3. 精选APP程序、视频资源，为幼儿自主探索提供支架。

现在市场上有很多专门为儿童设计的各类学习应用程序，它们不仅有动画的操作演示，而且有每一步骤的配音说明，幼儿可以根据它展开自主学习。这些APP程序符合幼儿的兴趣和特点，能够激发幼儿的自主学习，引导他们自发地探索和学习相关知识，同时，它的层次性有利于幼儿的个性化学习，使他们在使用软件时能够体验成功感。教师可以根据幼儿的年龄特点和课程的需求选择APP程序、视频资源，投放在各个区域之中。如，我们围绕中班幼儿数学学习中各个关键概念和关键经验，在数学区提供了一套适合于中班幼儿数学学习的应用程序；在美术区投放了专门为儿童设计的一款折纸教育应用程序，共有与幼儿生活密切相关的52种折纸方法，每一种折纸方法都制作成精美的交互动画教程，幼儿很容易就能理解折纸的每个步骤。每一步骤都有动画演示，并配有语音讲解，操作界面简易，幼儿可以轻松控制每一个学习步骤，通过自己看也能学会。我们在观察幼儿学习过程中发现，幼儿不仅能根据自己的能力选择适宜的内容展开学习，而且在某一步骤遇到困难时，他们还自主采取反复重播此步骤、反复看和听这一步骤的方法解决自己的学习困难，从而实现自主探索学习。

4. 提供深化课程和拓展不同幼儿兴趣的视频资源。

我们结合主题，用iPad或触摸一体机同步在各个区域投放相应的视频资源和介绍。一方面将幼儿在集体活动中学习过的有些内容继续呈现在区域中，满足那些没有掌握或依然有兴趣继续学习的幼儿的需要，另一方面围绕主题内容提供深化和拓展的课程内容，扩大幼儿选择面，满足那些想进一步探索和拓展课程内容的幼儿。如，结合大班"爱祖国"主题，教师在阅读区用iPad提供了大量介绍祖国各地风景名胜、土特产品、文化特色等的视频，幼儿可以根据自己的需要去查阅和听看。在音乐区触摸一体机中提供了和大班幼儿水平相一致的由专业人员表演的维吾尔族、蒙古族、傣族等民族舞，将其下载、剪辑、链接至电脑PPT节目菜单中，幼儿可以根据自己的兴趣、需求、能力，自由点击菜单中的舞蹈图标，实现自主选择。在内容选择上，既有适合女孩学习的舞蹈动作，也有适合男孩学习的舞蹈动作。视频中的专业舞蹈演员的榜样作用，让幼儿欣赏的眼光和品位都得到了不同层次的提升。对于有艺术天分的幼儿，在模仿高水平的表演中，也获得高水平的发展。这些视频弥补了教师自身舞蹈技能不足和男性教师不足的问题，在内容选择上不仅关照到幼儿的性别特点，还关照到每一个群体和个体的学习，让每个幼儿都能找到自己喜欢的学习内容，吸引全体幼儿都到音乐区来活动。在美术区，教师在iPad上提供了各种京剧人物经典脸谱画法的视频，满足了幼儿自己选择画喜欢的京剧脸谱人物的需要。在生活区，教师在iPad上提供了做月饼、编织鸭蛋网的视频，供幼儿自己学习制作和编织。

在活动区域的设置上，为了不造成教师概念上的误解或增加教师再理解新概念的负担，我园依据《纲要》中健康、语言、社会、科学、艺术五个领域设置不同的区域，将科学分解为数学区和科学区，将艺术分为音乐区和美术区。同时，我们认为在社会领域，无论是人际交往还是社会适应的内容都是渗透在其他各个区域之中的，所以，我们没有单独设立社会区域，而是将社会领域内容有机地融入各个区域之中，为此，我们共有六大区域：语言、健康、科学、数学、音乐、美术。同时，为了满足幼儿多元兴趣和学习需求，每个区域中又灵活划分为很多小区域。如，美术区中有绘画区、纸工区、泥工区、综合材料创意区域等，语言区有纸质书区、电子阅读区、绘本及故事表演区……通过区域分区的顶层设计，既满足了幼儿全面发展的需要，又满足了每一个幼儿不同发展的需求，让每一个幼儿都能从中选择自己喜欢学习和应该学习的内容。

在研究路径上，我们将数学、科学、音乐、美术、健康、语言六大区域每个区域的建构与指导逐个展开研究，从2—3岁、3—4岁、4—5岁、5—6岁不同年龄班的内容选择、材料提供、规则制定、环境创设、教师指导等几方面的差异性、连续性展开全方位的研究，帮助教师们找到实施区域活动可操作的具体化的路径、策略，使其能够积极主动地实施区域活动，最大化地推进幼儿差异化、个别化的发展。

吴邵萍

南京市北京东路小学附属幼儿园

目　录

第四章　科学区 / 079

第一节　科学区的建构与指导

第二节　科学区活动实例

第五章　数学区 / 113

第一节　数学区的建构与指导

第二节　数学区活动实例

第六章　音乐区 / 149

第一节　音乐区的建构与指导

第二节　音乐区活动实例

第七章 美术区 / 181

第一节 美术区的建构与指导

第二节 美术区活动实例

第一章
幼儿园开放性区域活动概述

一、我们的区域活动观

（一）和谐对话观

我们强调幼儿、教师、家长共同发展及其过程中主体间的双向或多向对话，所有对话者平等地接纳每个人的想法、意见，每个人都从对话中获得新的体验、认识。在区域活动中，幼儿不仅与教师、同伴对话，还与环境、材料对话，每个对话者都在对话中不断地充实与发展。

1. 幼儿与教师和谐对话。

在区域活动中，幼儿和教师一起玩游戏，向教师表达自己的所见、所闻、所思，遇到问题时向教师求助，寻找办法时征求教师的意见，完成任务时向教师展示自己的成果，思考并回答教师的问题，倾听教师的建议，和教师一起探讨活动中的问题……这些都是幼儿与教师对话的方式。

幼儿从开始参与区域活动时不搭理、不接受教师，到逐步愿意接受教师的帮助和指导，并能主动与教师交流、互动，渴望教师的支持和提出的挑战，从而使幼儿的区域活动不断深入发展。

2. 幼儿与同伴和谐对话。

在区域活动中，幼儿与同伴对话的方式也是多种多样的。幼儿有时观察同伴的活动，有时模仿同伴的游戏，有时需要同伴的帮助，有时主动介

入同伴的活动……在与同伴的共同活动中，幼儿学习关注同伴的活动，自觉不自觉地模仿同伴的活动。区域活动中，同伴间有时和平共处，有时矛盾不断。幼儿在问题解决中，学会和同伴共同游戏，合作游戏，共同讨论，合作学习。

幼儿从一开始的独自活动，到逐步关注、接纳同伴，感受到与同伴互动、对话的愉悦，在与同伴和谐对话中学习表达与交流，学习包容与分享。

3. 幼儿与材料和谐对话。

区域活动材料指区域活动中幼儿感知、操作的对象，是幼儿主动建构经验的支持物。在区域活动中，幼儿摆弄材料、探索材料，用材料表达自己的想法和创意，感受用这些材料设计玩具的有趣，从中激发好奇心。他们探究活动材料的奥秘，发现有趣的现象，思考其原理……

幼儿从害怕、不熟悉、不愿意接触操作材料，到逐步愿意摆弄，喜欢用各种方式摆弄、探索材料，在与材料的互动中，幼儿不仅获得了一定的体验和发现，还学会了爱惜游戏材料。同时，区域活动的材料也通过与幼儿互动，玩法和价值不断得以丰富和挖掘。

4. 幼儿与环境和谐对话。

在区域活动中，环境也是与幼儿对话的重要对象，幼儿在活动中感受着区域环境的氛围，受区域环境的吸引，感受着环境的温馨，欣赏着环境的美。

同样，幼儿也从开始因不熟悉区域环境而抗拒或远观，到逐步走进区域、置身于区域环境之中。同时，幼儿也是区域环境的创设者和丰富者，幼儿的美术作品、科学发现记录、读书笔记都是区域环境的一部分，这些既可以让幼儿有一定的成就感，也可以让幼儿在环境的刺激下，进一步的交流、思考与探究。

（二）共同发展观

在开放性区域活动中，幼儿、教师（包括保育员）、家长都是学习者，在保持和发展每个人的独特性的基础上，在尊重、理解、接纳、质疑、批判的和谐对话过程中，所有参与者都能获得共同发展。

1. 幼儿发展。

各区域的划分是相对的，幼儿在区域活动中的发展是全面的、整体的，幼儿在每一个区域中的活动都能促进幼儿认知、情感、态度、社会性等方面的发展。随着区域活动的不断深入，幼儿的活动兴趣不断提高，探究的问题不断深入，好奇心、求知欲不断增强，同时也获得了相关的经验和体验，这些都是显而易见、毋庸置疑的。

此外，由于区域活动中更多的是幼儿分散、自由的活动，因此，幼儿的自我管理与自主学习的意识和能力可以获得极大的发展。

首先，幼儿自主选择的意识和能力得到培养。他们从一开始看着玩具无所适从，到学会按照自己的意愿选择，包括选择玩什么、和谁一起玩、玩多长时间、玩几次……

其次，幼儿自我管理的意识和能力得到了培养。在区域活动中，他们学会从哪里拿玩具，结束后放回哪里，如何收拾等。随着年龄的增长，他们还将学习在更长的时间里（一天、一周、一个月）安排、调整自己的学习。

在自主选择和自我管理能力提高的同时，幼儿的自主学习能力也相应得到了提高。

2. 教师发展。

我们强调在区域活动中教师对幼儿的观察，重视在观察中了解幼儿，在观察的基础上给予幼儿适时、适当的指导。同时，教师在观察及与幼儿的互动中，也获得了对幼儿、对区域活动等的新认识，从而获得专业理论、教育技能的不断发展。

（1）对幼儿的认识。

幼儿是区域活动的主体，他们有自主探究的需要，幼儿可以通过自己的探究来学习，也可以通过同伴互助来学习，幼儿有自己的学习方式。

教师应给幼儿充分的自由、自主活动的机会，要避免"幼儿的游戏是要教师教的，教师不指导幼儿不会玩"的想法。区域活动的本质是游戏，应让幼儿充分地玩起来，幼儿只有在玩起来了、玩自己想玩的游戏时，才能激发其内在的学习动机，才能展现出其应有的学习能力。

（2）对区域活动内容、价值的认识。

我们应该用开放的观念，多角度、多层次、整合地认识区域活动的内容和价值。

首先，我们既要看到区域活动中幼儿学习各领域知识、技能的显性价值，更要看到伴随活动过程而隐含的学习态度、学习习惯、学习品质的隐性价值。

其次，每个区域活动的价值都不是单一领域的，而是多领域的，因此，我们既要关注该区域活动在本领域的价值，还要关注在此活动中渗透的各领域的价值。

最后，区域活动内容不是集体活动的简单重复，教师要处理好集体活动和区域活动的关系，不能使区域活动成为简单、机械的技能练习。

（3）对区域活动组织的认识。

首先，区域活动的时间是开放的。一方面，一日生活各时间段均可开展区域活动，既可以是相对完整的时间段，如，晨间活动时间段（8：00—9：00）、上午游戏时间段（10：00—11：00）、上午集体学习时间段（9：00—10：00），也可以是零星的过渡时间段，如，入园后晨练前、餐后、点心后、离园前等；另一方面，每次区域活动的时间长短也不是固定的，可以根据区域活动的具体内容、幼儿年龄、幼儿的兴趣等灵活地选择和安排。

表1-1　区域活动的组织形式与各时间段安排表

活动区组织形式	可选择的时间段				限制的时间段
三段式	9：00—10：00	10：00—11：00	15：00—16：00		晨间、离园
两段式A	9：00—10：00	10：00—11：00	15：00—16：00		晨间
两段式B	8：00—9：00	9：00—10：00	10：00—11：00	15：00—16：00	离园
一段式	一日生活各环节过渡或以上每个时间段均可				无限制

其次，区域活动的过程是开放的。在组织区域活动时，问题应更加开放、更加个性化，活动的目标应更多层次，指导的形式更加灵活多样，从每

个幼儿发展的实际水平出发，循序渐进。

3. 家长发展。

首先，家长走进幼儿园的区域活动，一方面作为观察者，在了解自己孩子在区域活动中的学习与发展的同时，他们的观念发生了潜移默化的转变，他们认识到区域也是幼儿学习的一种方式。当家长们看见幼儿在区域活动中自发分享、投入地活动时，亲身感受到了区域活动对幼儿发展的价值，认识到幼儿学习和发展的全面性，拓展了家长对教育的认识和理解。另一方面，家长作为志愿者，参与区域活动的指导。如，作为幼儿的活动支持者和引导者，他们在活动区中带领幼儿感受中国书画，体验小机械的"工作"，为区域活动提供活动的资源，丰富班级区域内容与材料，为区域活动的开展主动提供物质保障。

其次，家长通过观摩和参与区域活动的指导，拓宽亲子活动的思路与内容，他们举一反三，把区域活动向家庭延伸和拓展，在家中利用生活中的材料，丰富了亲子游戏的内容，增进了亲子互动的质量。

二、我们的区域指导方法

从广义上说，区域环境的创设、内容选择、材料提供、活动指导都是区域活动的指导方法。

（一）区域环境创设

1. 打破原有空间的功能限制，灵活划分区域。

（1）从边角向中心延伸：区域活动不只是在边角上的活动，我们可以充分利用所有空间，为幼儿提供区域活动的场所，使区域空间布局灵活多样。

（2）从教室向睡房等拓展：区域活动不只是在教室里的活动，班级的所有空间都可以充分而合理地利用，睡房、过道、阳台等都可以成为幼儿区域活动的场所。

2. 充分利用各类物品进行区域划分、布局。

（1）钢琴、桌子、玩具柜、床、废旧纸盒等都可以用来分隔区域。

（2）利用桌面、柜面、墙面、地面等，扩大幼儿活动空间。

3. 将区域活动的规则渗透在环境之中。

（1）利用标记提示材料的数量、摆放位置、材料收放的规则，用标记、公约、流程图标注活动的玩法。教师要注意根据幼儿的年龄特点选择相应的标记，随着幼儿年龄的增长，标记的抽象程度不断提高。如，小年龄班幼儿用人物活动照片表示阅读区规则，而大年龄幼儿则用幼儿共同讨论、自己能够理解的图夹文的形式呈现读书的约定。

（2）用标记、材料提示区域活动的人数限制，如脚印、椅子、桌边等；用特殊、醒目的标记提醒幼儿哪些是新投放的、重点活动的内容。

4. 将幼儿的区域活动和环境的创设融为一体。

幼儿是参与区域环境创设的主体，一方面，幼儿在有目的、有计划创设的区域环境中自主活动；另一方面，幼儿的区域活动也不断生成、丰富了区域环境。

（1）教师可以通过悬吊、摆放等方式展示幼儿作品，使幼儿的活动作品都成为环境的一部分，利用幼儿的作品渲染环境，创设温馨的区域活动氛围。

（2）教师将幼儿可以操作的内容制作成幼儿喜欢的、拟人化的卡通形象或动物形象等，为幼儿提供对话形象和玩伴。教师在设计中要留有活动空间，让幼儿可直接在这些生动的形象上操作，如印一印、画一画、贴一贴、摆一摆、放一放、塞一塞、挂一挂等，幼儿在环境中自主活动，同时活动结果直接成了幼儿的作品，成了环境的一部分。

5. 区域空间安排的注意事项。

（1）教师既要保证幼儿活动中的互动交流，又要避免幼儿间的相互干扰。根据活动内容及各区域活动的要求及具体活动内容确定相应的空间布局安排。

①面对面布局

将桌子短边对墙，或将桌子离墙放置，幼儿面对面坐在桌子边上，当幼

儿需要交流且活动中需要较多的同伴互动时可以采取这种布局方式。

②面对墙布局

将桌子长边靠墙放，幼儿在活动中面对墙坐，这样可以创设相对安静的氛围，相对减少外界对幼儿的干扰。

③静区和动区的合理组合搭配

虽然幼儿在自己喜欢的活动中能比较投入，但是幼儿的年龄特点决定了他们的注意力容易转移，因此，区域安排要注意在活动中减少对幼儿不必要的干扰。如，语言区需要安静的氛围，音乐区、结构区活动时常常会有较大的声响，因此，语言区要尽可能远离这两个区，以减少动区对静区的干扰。

（2）设施设备等应满足、方便幼儿活动的需要。

生活区需要靠近水源，音乐区需要靠近电源，方便幼儿使用各种电器；美术区、科学区需要给幼儿较大的活动空间，方便幼儿探索。

此外，还要考虑到各环节组织时的空间调整，满足不同类型活动及一日生活各环节活动的需要，如，集体音乐活动时需要较大的空间，此时就需要将柜子、桌子等进行适当移动，为音乐活动腾出必要的空间。因此，区域布局时要考虑移动的距离不能太远，移动桌子、柜子时不能太费力。

（二）区域活动的内容和材料

区域活动的内容和材料选择非常广泛，只要是幼儿喜欢玩的并且安全、卫生的都可以投放到区域中，可以是专门设计的区域游戏活动，如扣纽扣、编辫子等，也可以是集体活动的延伸与拓展，如数学游戏"占地盘""抽乌龟"，科学活动"纸桥承重""静电吸纸"等。

1. 选择区域活动内容的注意事项。

（1）操作性。

幼儿能玩起来，能在玩中有所体验和发现。

（2）层次性。

材料能满足不同幼儿、同一幼儿不同阶段的发展需要，能从幼儿发展的实际水平出发，因人而异、因班而异，循序渐进。

（3）多样性。

各区域中要提供丰富多样的活动，让幼儿在活动中能有所选择。多样性表现在数量、种类上，小年龄幼儿爱模仿，应多提供同类活动，提供多样的平行游戏，用不同的方式呈现，满足不同幼儿活动需要。大年龄幼儿更愿选择新鲜的、有挑战的活动，应提供更多种类、有不同层次的活动。

（4）多功能性。

首先，打破年龄段限制，发挥活动价值的延续性。同样的内容、材料在不同年龄段可以发挥不同的功能，如，玩气球活动，小年龄幼儿可以玩扇气球、抛气球，稍大点的幼儿可以探索打气，大年龄幼儿则可探索用气球玩各种游戏等。

其次，打破内容材料限制，提供材料时关注活动价值功能的多元性。一方面，在一个活动中渗透各种价值，如，幼儿在用瓶盖印小鱼吐的泡泡的过程中，既能锻炼手眼协调能力，又能感知圆形的特征，同时还能认识各种颜色。另一方面，一种材料可以有不同的玩法，从而实现活动的多元价值。如，玩豆豆活动中，幼儿可以抓、舀、倒豆豆（感知豆豆），可以用豆豆喂娃娃（豆豆分类），还可以用豆豆玩沙漏等（科学探究）……豆子的多功能价值在活动中得到了充分的体现。

2. 选择区域活动材料的注意事项。

（1）利用废旧材料，多给幼儿提供低结构、开放性的材料，不要限制幼儿的玩法，充分发挥材料的作用。

一方面，教师可以将这些材料制作成相对高结构的游戏材料，使游戏的动作和结果联系更加紧密，操作动作更加单一，让幼儿能迅速看到活动的结果，吸引幼儿参与到活动中。如，科学区中提供用卷纸筒制作的各种弹子通道，让幼儿将小球放进开口，就可以观察到小球在卷纸筒中滚落。

另一方面，教师还可以直接将材料投放到区域中给幼儿自由摆弄，如提供空奶罐、纸盒等，让幼儿搭搭玩玩、敲敲打打等。

（2）利用生活中常见的物品，让幼儿在摆弄水、米、豆、沙等材料中感知物体的特性。

（3）自制和购置的材料结合投放。

自制和购置材料有着各自的功能和价值。自制材料时，教师可能会更有目的地围绕某个领域的关键经验进行设计，活动材料更有针对性，但是自制材料欠缺牢固性，易损坏，需要不断更新和替换。购置玩具中也有很多能让幼儿在操作中获得发展且经久耐用的材料，如积木、插片等结构游戏材料，叠叠高、多米诺骨牌、纸牌、棋类等智力游戏材料，这些都可以投放在区域活动中。

（三）区域活动指导的组织形式

区域活动的组织也是开放的，根据幼儿活动的不同需要，可以采用不同的组织形式。区域活动的组织主要有以下四种组织形式。

1. 三段式：开始环节导入+幼儿进区活动+结束环节交流评价。

这种形式主要针对新内容、新材料投放或有明确的问题需要幼儿在活动中去思考和探究的活动。教师可在活动的开始环节通过讲解、示范、介绍材料、提出问题等方式引出活动，帮助幼儿明确活动的内容和要求后，再让幼儿进区活动，教师要引导幼儿尽可能去尝试新活动，幼儿进区活动的时间也要尽可能长一些，保证每个幼儿有活动的机会，以便在最后环节有内容交流、评价。

三段式的区域活动一般会在较完整的时间段，在幼儿基本齐全的情况下安排。

2. 两段式A：开始环节导入+幼儿进区活动。

这种形式也是针对新内容、新材料投放或有明确的问题需要幼儿在活动中去探究和思考的活动。由于有的活动幼儿需要较长的活动时间，在一次区域活动时间里无法每个人都玩到，在部分幼儿还没有体验过的情况下，如果也没有相关的规则等方面的要求需要进一步强调，幼儿进区活动后就可以不安排小组交流与评价了。

3. 两段式B：幼儿进区活动+结束环节交流评价。

有些活动没有太多限制性的玩法和规则，教师可以直接提供材料，让幼儿自己观察材料，猜测材料操作的多种可能性，用自己的方式先探索操作，有时前一次活动结束时的小结交流，就可以是本次活动的开始。在这种情况下就不需要开始环节的导入，幼儿可直接进区活动。在区域活动中，教师观察、支持幼儿的发展，根据幼儿活动的情况组织最后环节的交流。

4. 一段式：幼儿进区活动。

这种形式的区域活动在每个时间段都可以进行。一方面，这样的组织给了幼儿充分的活动时间，让幼儿获得充分的体验，为集中交流和讨论做好准备；另一方面，这样的组织有助于教师关注每个幼儿在区域活动中的兴趣、需要，更好地进行个别化的互动与指导。

此外，在一日生活中有很多零星随机的区域活动时间，如，入园后晨锻前、离园前、午餐后，幼儿可以随时进区活动，随时结束活动。这些环节基本是一段式区域活动形式，自由进区的活动还可以减少幼儿消极等待的时间。

（四）区域活动的指导重点

区域活动的指导方法是多样化的，教师要在观察的基础上给予幼儿有针对性的指导，总体上应把握好以下几个重点。

1. 帮助幼儿了解区域活动的基本规则。

必要的规则是区域活动顺利开展的保障，但是，规则不应变成空洞、死板、一成不变的框框。它的目的不是限制和控制幼儿的自由，而是确保全体幼儿能够顺利地开展活动，并获得自由、自主的发展。因此，帮助幼儿明确进区、换区、离区以及学习材料的使用和收放的基本规则，是区域活动指导的首要任务。

（1）帮助幼儿学习进区、换区、离区的规则。

进区：每个区域的空间有限，活动的人数也受到限制，在区域活动的初始阶段，教师应帮助幼儿了解：区域有空位置时都可以进区活动。

换区：教师应帮助幼儿逐步明确，区域活动中可以自主换活动内容，玩好了或不想玩的时候可以到其他区域去活动。

离区：离开区域的时候(无论是中途还是结束时)要收好玩具，把材料有序地收到材料筐（盒）中，再按标记收到玩具柜中相应的位置上。

（2）让幼儿学习材料的使用和收放。

区域活动虽然是幼儿自主、自由的活动，但也有一定的限制。如果一味强调无限地开放，就会造成幼儿无目的地"瞎玩"，这不仅不能使幼儿获得有益的发展，还会浪费材料、破坏环境、干扰同伴，毕竟区域活动是在一定的限制内进行的自主活动。

投放新活动、新材料时，教师一定要根据活动的目标，向幼儿说明材料使用的必要规则和操作的基本方法与要求。小年龄幼儿可以通过看示范、听讲解的方式，大年龄的幼儿可以参与讨论，共同商讨材料使用和收放的要求。

此外，不是每个活动一开始都要教师介绍或讲解活动玩法的，材料中蕴含的线索也能指导幼儿自发地探索与发现。在保证核心目标达成的同时，教师要给幼儿自主发现材料中蕴含的玩法及规则的机会。

2. 指导幼儿学会自主选择，学习自我管理。

让幼儿学会自主选择、自己收拾，不只是为了区域活动的有序开展和管理，更重要的是培养幼儿自主选择和自我管理的意识和能力，促进幼儿的可持续发展，为幼儿终身学习奠定基础。

（1）指导幼儿学习选区，建立自主选择的意识，让幼儿知道：玩什么是要自己选择的。

①教师可通过询问或建议帮助幼儿学习选择，如"你想玩什么？"当幼儿无所适从时，教师可以给予建议，如"你玩这个好吗？"

②教师先等待幼儿自己选择，当幼儿不知道如何选择时可以用询问进行提示，如"你想玩什么？"

③提供选择插牌，让幼儿明确自己的选择。对稍大些的幼儿，可以用游戏选择牌，让幼儿在活动前选择好准备活动的内容，保证区域活动时及时进

区活动。

④提供区域选择表，让幼儿自主选择并调控自己的选择。

（2）将直接指导转化为幼儿的自主学习，给幼儿的自主学习提供支架。

①采用视频、音频等多媒体及数字化的方式演示活动的玩法，提供模仿的内容，让幼儿在活动中根据需要自己选择相应的内容播放，通过看看、听听、做做、想想等进行自主学习。

②利用步骤图让幼儿自己阅读、学习活动的步骤和流程等。

③提供材料，让幼儿自己先探索后相互交流活动中的做法、发现和想法。

（3）利用记录，让幼儿了解自己、管理自己的学习。

在区域活动中，我们可以通过记录帮助幼儿学会管理自己的学习，通过记录，让幼儿可以将活动过程留下痕迹，同时，记录也是幼儿自我评价、自我反思的依据。

区域活动记录的目的：教师了解幼儿、幼儿自我了解、教师调整指导、幼儿自我管理学习等。

区域活动记录的形式：根据不同的年龄，可以用表格、图画、印章名帖、游戏等方式。

区域活动中的记录内容：幼儿参与区域活动的情况、幼儿在区域活动中的体验和发现等，如活动记录单（幼儿记录自己的猜测、看到的现象、阅读体会等），参与活动的计划表等。

教师在运用记录指导区域活动时必须明确以下几点。

①记录是帮助教师了解幼儿的重要方式。教师要注意了解幼儿记录所表征的含义，了解幼儿是否知道自己记录的内容。

②学习记录也是幼儿学习的内容。教师要关注对幼儿用记录来表征的指导，要组织交流记录、倾听幼儿对自己记录的解释、帮助幼儿了解不同的记录方式，鼓励幼儿用自己的方式记录，帮助幼儿提高用记录表征的能力。

③记录要根据幼儿年龄特点，采取适当的方法，可以让记录成为小年龄幼儿的有趣的游戏，如贴花、放豆豆等。

④记录什么，何时记录，用什么形式记录要围绕活动的目标，不要为记

而记，也不是每个区都要记录，应结合教师个人经验、每个区的特色、幼儿年龄特点进行选择。大年龄幼儿可以用参与讨论的记录方式。

⑤要充分利用记录，发挥记录的作用，通过学习记录及对记录后的小结评价，培养幼儿的自主学习、自我管理，让幼儿学习到用记录平衡自己的学习，培养计划性、自主性。

3. 观察、了解、支持、推进。

在区域活动中，教师应适时适宜地给予幼儿的活动以支持和指导。

（1）观察。

区域活动开始时，首先，教师要观察的是全班每个幼儿是否都玩起来了，大年龄幼儿是否都按自己的选择进了相应的区域，幼儿之间有没有发生纠纷等。其次，教师应围绕重点区进行相应的观察和指导。在幼儿活动中，教师要关注幼儿玩什么、说什么，有什么发现。观察是重要的指导方法，教师的旁观可以给幼儿更多独立思考的空间。

此外，区域活动内容面广、量大，不是每一个区域活动幼儿都必须选择，也不是每时每刻幼儿都要进行操作活动，幼儿有时有观望的需要，观望也是一种学习。教师不必迫不及待地催促幼儿进区，可以先静静地观察，了解幼儿的当前需要，接纳幼儿的观望，分析观望背后的原因，再给予有针对性的指导。如果观望是无所事事或逃避困难，教师需要鼓励幼儿去参与活动；如果观望中幼儿在思考、旁观同伴的学习，教师也可适当给幼儿一定的时间，等幼儿有一定的愿望和信心时再参与活动。

（2）共玩。

小年龄幼儿活动时，需要教师更多的陪伴。舒适的心理氛围能激发幼儿参与的动机，教师的陪伴可以给幼儿安全感，同时也给幼儿活动的支持。在教师的带动、影响下，通过观察教师的操作，幼儿对材料的抵触降低了，他们学会了接纳，尝试摆弄、探究，活动的兴趣也大大提升了。

对大年龄幼儿，教师更多应成为幼儿活动的支持者和合作者。教师与幼儿共同活动可以鼓励幼儿大胆操作，表达自己的想法。

（3）对话。

在区域活动中，教师通过聆听、询问、质疑、建议、鼓励等方式和幼儿对话，在对话中了解幼儿的想法，通过询问、质疑引起幼儿深入思考，在幼儿需要帮助时给予适当的建议和鼓励，支持幼儿在活动中的发展。

对话要选择合适的时机，在幼儿需要时进行对话。不要让对话成为幼儿活动的干扰。当幼儿专心活动时，教师不要随意打断，这样不利于幼儿专注力的培养。教师要相信幼儿的能力，放手让幼儿玩。

总之，在区域活动的指导中，教师要注意以下几点。

①既要有重点地指导，也要注意全面兼顾。活动中，教师既要明确活动的重点，也要关注全面活动的情况，在保证活动安全的基础上，促进幼儿在活动中的发展。

②既要尊重幼儿的选择，满足幼儿重复活动、反复操作的需要，又要注意培养幼儿广泛的活动兴趣。教师应注意吸引、鼓励幼儿参与活动，但不强求幼儿，允许幼儿不选择、不参与部分活动。如果把所有的区域活动当成学习任务完成，活动就成了负担，也就失去了区域活动的价值。

第二章
健康区

第一节 健康区的建构与指导

一、健康区的价值

幼儿健康教育是根据幼儿的身心特点，以提高幼儿健康认识，改善幼儿的健康态度，培养幼儿的健康行为，保持和促进幼儿健康为目的的系统教育活动。

健康区活动和健康集体活动一样，是对幼儿实施健康教育的途径和载体。幼儿好动、喜欢模仿生活中的情节以及成人的一些劳动。因此，教师在关注日常生活教育的同时，还应为幼儿创设健康区，以满足幼儿自由探索、操作的需要。《指南》中健康领域包括身心发展、动作发展以及生活习惯和生活能力三方面的内容，其中的大肌肉运动内容，由于其对空间、场地要求较高，一般幼儿园的班级教室空间较小，不能满足大肌肉活动的需求，幼儿园大多结合晨间体育锻炼或专门的户外活动区域活动安排相应内容，我们不在此赘述。因此，本书中的健康区活动重点关注幼儿身心发展、小肌肉动作、生活能力和生活习惯等方面的内容。

1. 健康区的创设以幼儿自主选择为前提，满足不同层次幼儿的需要。

幼儿的生活经验、兴趣需要、动手操作的能力存在着差异，在健康区

中，他们可以选择自己喜欢的、能动手操作的材料和工具，进行探索和尝试。教师针对幼儿不同的发展水平，进行个性化的指导和帮助，满足不同层次幼儿的需要。

2. 健康区的创设以激发幼儿兴趣为基础，在游戏的过程中促进幼儿身体的协调发展。

健康区的创设要以激发幼儿的兴趣为基础，在健康区中会有很多关于大、小肌肉方面的操作活动，在设计这些活动的时候，教师不仅要考虑到幼儿的年龄特点，还要关注幼儿的兴趣特征，避免在活动中出现生硬的基本动作练习，促进幼儿在游戏的过程中身体各机能的协调发展。

3. 健康区的创设和生活实际相结合，促进幼儿生活能力的提高和生活习惯的养成。

在幼儿园，具有家庭式环境氛围的健康区，配备了各种各样真实的材料、工具和设备，让幼儿在有趣及生活化的情境中与环境、材料进行充分互动，学习相关的生活技能，提高生活自理能力和交往能力，并感受到生活的丰富和多彩，体验生活的乐趣，成为一个热爱生活，并具有基本生活能力和良好生活习惯的人。

幼儿在健康区专注地品尝食材

图2-1

二、健康区环境创设

我们这样想

3—4岁幼儿的思维仍具有直觉行动性的特点，大肌肉动作正在发展时期，因此，我们在创设健康区环境时，仍延续2—3岁阶段工具便于操作和清洗、氛围营造凸显温馨和整洁的做法。3—4岁幼儿小肌肉动作逐步发展，开始能适应集体生活，喜欢尝试生活中的各种活动；在成人的帮助下，能用勺子进餐，会自己穿衣裤，会解、扣较容易操作的纽扣等。因此，教师在创设环境时要注意扩大自理活动的区域，满足幼儿自我服务能力发展的需要，并通过富有童趣的环境氛围吸引幼儿进区操作。

我们这样做

1. 创设具体形象的环境。

3—4岁幼儿在直觉行动思维的基础上，具体形象思维开始产生并发展起来，行为具有强烈的情绪性，行动常受情绪支配。因此，形象生动、可爱的操作材料能引起幼儿参与活动的积极性，并吸引幼儿反复操作。如用软泡沫和无纺布制作的"给小动物穿衣"材料，比幼儿略高，形象是可爱的小动物，深深吸引着幼儿，使幼儿乐此不疲地反复操作此项活动。

形象的、能互动的材料吸引幼儿反复操作

图2-2

2. 创设可互动的环境。

健康区的墙面环境不应该只起到装饰、营造氛围的作用，而应充分发挥墙面环境的多种功能。如用布艺制作的大树，树上有挂扣、按扣等，幼儿可将布艺果子挂在树上，也可将布艺小花

图2-3

扣在大树上。此时的墙面环境既装饰了生活区，也成为幼儿操作活动的一个部分，扩大了幼儿进行自理操作活动的空间，让幼儿在与环境的互动中获得满足。

3. 区域划分兼顾多种活动。

3—4岁幼儿健康区的内容逐渐丰富起来，既有生活自理类的内容，又有制作美食类的内容。因此，在空间上，教师可以根据健康区的内容和活动程序进行不同的划分。根据活动内容，可以将空间划分为生活自理区和美食制作区；根据活动程序，可以划分为更衣区、操作区和分享区；橱柜上以制作美食类活动为主；墙面上以生活自理类为主；桌面上可以根据每次活动主题更换不同的内容。这样，幼儿就可以根据自己的兴趣和需要，在不同的操作区进行活动。

温馨提示

如果班级的空间有限，可以在同一区域不同时段开展不同的活动内容。如在晨间活动中，小餐桌就是幼儿自由吃点心的场所；在下午游戏活动中，小餐桌又成为幼儿折叠衣服的操作台，从而最大化地利用健康区的每一个空间。

三、健康区规则的建立

我们这样想

3—4岁幼儿年龄小，好模仿，无论在生理上还是心理上，都处于个体发展的初级阶段，他们经验欠缺，自控能力弱，因此，需要延续2—3岁进区、离区、讲卫生、按要求操作的规则，规则的建立和巩固仍需要教师的反复提醒。3—4岁幼儿的形象性思维开始萌芽，随着经验的增长，此阶段幼儿具有了初步的规则意识，教师应用讲解、示范等方式，帮助幼儿巩固已有的健康区规则，根据幼儿的经验、能力建立新的活动规则。

我们这样做

1. 建立戴标记进区的规则。

当区域活动开始时，为避免幼儿一拥而上，教师需要帮助幼儿巩固进区、离区规则。3—4岁幼儿开始学习基本的自理技能，如穿、脱衣帽等，在此基础上，教师可以根据健康区的内容和空间提供相应数量的厨师帽或围裙，进一步建立戴标记进区的规则。这既利于幼儿养成卫生清洁的习惯，又能控制健康区的人数。幼儿通过服装标记理解衣帽架上没有厨师帽或围裙，就代表美食制作区和自理区没有空位了。

2. 建立讲卫生的规则。

3—4岁幼儿需要继续巩固讲卫生的规则，教师要注意提醒参与美食制作的幼儿清洁过双手后再进行活动；工具使用后，提醒幼儿将工具放入指定的盆中，教师在活动后帮忙清洗。在此基础上，为了给幼儿学习自我服务的空间，活动结束后，教师可以进一步鼓励幼儿将自己操作的台面用抹布清洁干净，然后及时清洁双手并擦拭干净，帮助幼儿养成良好的生活卫生习惯，初步尝试与教师共同整理和清洁健康区。

将手洗干净后，再参加制作美食的活动

图2-4

图2-5

3. 建立活动后记录的规则。

为了鼓励幼儿参与健康区的活动，也便于教师了解幼儿参与区域活动的情况，我们建立了在活动后进行记录的规则，引导幼儿将自己的活动情况进行记录。由于3—4岁幼儿各方面发展水平有限，记录的方式一定要简单、直观，如贴小花朵、放小豆子、夹自己的小照片等。如在"我会自己吃点心"（见健康区活动一）的活动中，幼儿吃早点的时间是融在晨间区域活动中的。由于幼儿入园时间早晚不同，所以每个幼儿吃点心的时间有早有迟，又由于健康区空间有限，为了让幼儿吃点心不拖沓，也便于教师了解是否全体幼儿都到健康区吃过点心了，我们为幼儿提供了五角星的标记。如果在规定时间内吃完自己的点心，可以在记录表上自己的照片后贴上一颗五角星。幼儿为了能给自己贴上一颗五角星，都主动地来健康区吃点心，吃完点心及时在记录表上给自己贴上五角星。

图2-6

图2-7

相对于2—3岁，3—4岁健康区的规则更多、更复杂一些，但教师也要把握好健康区中每个子区域规则的量，在关注幼儿年龄特点的同时，根据班级幼儿

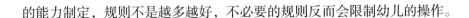

的能力制定，规则不是越多越好，不必要的规则反而会限制幼儿的操作。

四、健康区的材料和内容

我们这样想

　　3—4岁幼儿手部精细动作的发展水平已经达到 定程度，能够做一些比较精细的动作。幼儿手眼协调能力也有一定的发展，手指变得灵活起来，但仍然不够成熟。因此，所提供的材料仍需要色彩鲜艳、形象生动，尺寸稍微大一些，操作要简单，能满足幼儿反复操作的需要。此时幼儿还处于探索工具的阶段，他们对工具没有过多的经验，但是又特别愿意尝试使用工具，出于安全的考虑，可选择塑料小刀、案板、各种盘子等，让幼儿在操作中初步了解工具的使用方法以及一些常见食物的特征。

　　随着幼儿经验的增长，3—4岁健康区的活动内容也越来越丰富，主要包括生活技能和制作美食两大类活动。生活技能类活动包括抓、倒、舀、穿、扣等；美食类活动包括榨果汁、切香蕉等不需要烹饪，经过捣、切、拌等操作，即可制作可直接食用的食物的活动。

我们这样做

　　1. 提供简单的操作工具。

　　3—4岁时，幼儿操作的工具较2—3岁来说有所增加，教师根据幼儿的能力及活动需要，增加了塑料小刀、平头剪刀等工具。但3—4岁幼儿动作还不是很协调，因此，在提供操作工具的时候，教师要考虑到幼儿是否使用方便，避免因工具的影响造成操作不便。如提供的塑料小刀要便于幼儿一把抓住，盛物的器皿口要大，勺子把要短、勺子头要深等。

　　2. 提供易加工的食材。

　　教师继续提供易加工的食材，食材的品种较2—3岁更加丰富，包括水果、干果、蛋类、点心等。虽然种类有所增加，但是所提供的食材要便于幼儿操作。如我们设计了"我会切香蕉"（见健康区活动二）活动，因为香蕉水分较少，质地较软，便于拿取，用塑料小刀就能很轻松地将其切片；又如在"剥鹌鹑蛋"（见健康区活动八）活动中，教师为幼儿提供了鹌鹑蛋，鹌鹑蛋的大小便于幼儿抓握，不易因失手而掉地。

3. 提供与幼儿经验相关的生活用品。

根据幼儿的经验和年龄特点，以及本班幼儿的生活需求和发展水平，教师在健康区中提供各种与生活经验紧密联系的材料，供幼儿进行操作练习，锻炼幼儿的动手能力、手眼协调能力、生活自理能力等。如在开展"给娃娃穿衣"（见健康区活动五）活动中，教师给幼儿提供了形象可爱的布娃娃以及幼儿小时候的衣服，通过帮娃娃穿衣服，幼儿学习穿开衫和套头衫，以及扣扣子的方法，通过练习提高幼儿的自我服务能力。

❤ **温馨提示**

1. 引导幼儿根据流程拿取适量食材，避免浪费。

3—4岁幼儿活动的意识较弱，目的性和计划性欠缺，会因一时兴奋拿取过多的食材，造成制作成品过多，形成浪费。有时也会出现因幼儿挑食，食品做好后，他们不愿意品尝自己制作的食物而造成浪费。因此，在幼儿每次操作的过程中，教师需要提醒幼儿根据活动内容的要求，拿取适量的食材。如在"榨果汁"（见健康区活动十）活动中，教师帮助幼儿明确，只拿半个橙子榨汁，这样榨出的果汁量是有限的，可避免幼儿因过多品尝健康区中的食物，造成吃不下午餐的情况。同时，让挑食的幼儿少量地品尝，逐步习惯此食物的味道，最终愿意在日常生活中吃这种食物。

2. 利用标识，提示幼儿安全操作。

为了满足制作的需要，有些活动要用到真实的工具，教师可以设计形象简单的标记提示幼儿安全、卫生地操作。如在"我会自己吃点心"活动中，幼儿需要使用玻璃壶。教师起初十分担心，后来在玻璃壶上贴了一个"小心摔破"的标记，并且在幼儿操作前进行了语言提示，一学期下来，竟然没有打破一个玻璃壶。

五、健康区的教师指导

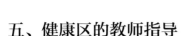 我们这样想

此年龄段的幼儿喜欢模仿成人生活，愿意参与生活自理活动和烹饪活动，喜欢品尝自己制作的食物，但在操作活动中注意力时间较短，手眼不协调，容易放弃。而且每个幼儿的个性、能力、学习方式、生活经验各不相同。因此，幼儿根据自己的兴趣和需要在健康区中进行活动时，不免会出现不同的困难，这些都需要教师借助当时的情境、材料，适时、适当地进行指导。

我们这样做

1. 以玩伴的身份介入幼儿活动，增进幼儿活动的兴趣。

3—4幼儿爱模仿，模仿是他们主要的学习方式，当幼儿对活动失去兴趣，或长时间单一重复操作时，我们可采用与幼儿共同活动的方式，增进幼儿活动的兴趣，同时成人的行为本身可以成为幼儿参考的范例或榜样，有益于幼儿进一步掌握活动技能，提升操作经验。如在"我会切香蕉"活动中，活动要求幼儿用塑料小刀将香蕉切成数片，学习切的方法。当幼儿一开始活动的时候，能都将香蕉竖着切成数片，可切了几下，就不愿意再切，而忙着品尝香蕉了，此时教师进入健康区，拿起一个香蕉也切起来，并说："我会横着切香蕉。"幼儿看见后，也学着教师的样子切香蕉，甚至有的幼儿在教师启发下尝试着斜切香蕉。在教师的带动下，幼儿切的方式更加丰富了。

2. 通过材料的暗示性，帮助幼儿拿取适量材料。

教师不可能将准备的所有材料都一份一份地帮助幼儿分好，幼儿如何拿取适量的材料，是教师在活动中所要关注的问题。3—4岁初期的幼儿还不能较好地计数，对拿取多少食物没有概念，因此，我们可通过材料的隐性指导，帮助幼儿学习拿取适量食物。如在"剥开心果"（见健康区活动七）活动中，需要幼儿拿取五颗开心果，但幼儿不会计数，因此，教师为每位幼儿准备了一个小盘子，里面有五个孔，引导幼儿拿取五颗开心果，并将其一一

对应地放到五个孔中，过程中提醒幼儿，放好后再拿取自己盘中的开心果剥食。通过材料的暗示，幼儿既准确地拿取了五颗开心果，又积累了一一对应的经验。

3. 教师适时介入，保证活动的正常开展及幼儿安全、规范地使用工具。

3—4岁幼儿欠缺自我保护意识，操作过程中有时会忽视安全，而有些活动内容涉及多种工具的使用，因此，从幼儿的年龄特点以及安全操作两个方面考虑，都需要成人适时适度地介入。教师要观察幼儿在操作中遇到的问题，涉及安全、规范操作的问题一定要陪伴和帮助，这不仅能帮助幼儿学习正确使用工具的方法，而且能增加幼儿对活动的兴趣。如在"我会切香蕉"活动中，幼儿会不关注手中的工具，挥舞拿刀的手，教师要及时提醒，避免使幼儿自己和周围幼儿受伤。

4. 以合作者的身份参与幼儿活动，提高幼儿与教师在活动中的互动性。

除了安全需要，如果活动需要成人协助才能完成，或是有些幼儿能力有限、完成活动很困难，教师也可以以合作者的身份参与幼儿的活动。如果教师能巧妙地让幼儿发出邀请，更能提高幼儿的主动性和互动性。如在"榨果汁"活动中，幼儿要一手扶着榨汁器的底座，一手用压、拧的方法压榨果汁。因为有的幼儿力气较小，一只手无法压榨出果汁来，教师可以询问是否需要帮助，得到幼儿的邀请后再协助他们扶着榨汁机的底座，并用语言提示的方式，鼓励幼儿压榨出果汁来。这样通过教师和幼儿操作过程中的互动，使幼儿自然地接受教师的提示。

温馨提示

发挥儿歌的作用，引导幼儿自我学习。

3—4岁幼儿思维具体形象，教师可以将操作方法和程序编成朗朗上口的儿歌，既有趣又便于记忆。如活动"我会叠衣服"（见健康区活动三）中，教师将叠衣服的方法编成短小有节奏的儿歌，如"衣服拉拉平，小门关关紧，袖子抱起来，弯腰叠整齐。" 教师边念儿歌边示范，形象地帮助幼儿理解和记忆叠衣服的方法，幼儿操作时自己念儿歌，通过语言的自我提示掌握叠衣服的方法。

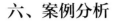

六、案例分析

<h2 style="text-align:center">我也可以当一次老师了</h2>

为了进一步优化教育资源，同时也为了让家长了解幼儿园的活动，我们尝试将家长志愿者纳入到区域活动的指导中来。因此，我们在班级家长会中向家长宣传了家长志愿者参与区域活动的事情，并介绍了班级区域活动内容及各区域活动的价值。家长听到了这个消息非常高兴，都积极踊跃地报名参加。涵涵妈妈是第一个前来报名的家长，报名时还说："我也可以当一次老师了。"

当涵涵妈妈来参加志愿者活动时，我问她："您想在哪个区域指导孩子活动呀？"

涵涵妈妈满脸自信地说："我在健康区指导孩子们活动吧！我的厨艺很不错的！"

听了涵涵妈妈的话，我决定放手让她试一试。

今天健康区有两个活动内容，美食制作区是"我会切香蕉"，生活自理区是"小鱼找妈妈"。区域活动开始了，涵涵妈妈在健康区迎接前来活动的幼儿。

不一会儿，健康区迎来了朵朵、明明、涵涵和可可四位幼儿，其中明明、涵涵和可可三位幼儿在涵涵妈妈的帮助下戴上厨师帽，准备先去洗手再开始活动，朵朵走到"小鱼找妈妈"的活动墙前玩了起来。涵涵妈妈看到明明他们去洗手了，就坐到餐桌前，看朵朵活动。只见朵朵拿起一个带按扣的小鱼，准备按在大鱼身上，可是怎么也按不上去。这时，涵涵妈妈站起来走了过去，拿起朵朵手上的小鱼，边做边说："这样，小鱼就按上去了。"朵朵"嗯"了一声，又拿起了一个带扣眼的小鱼准备将其扣到大鱼身上的纽扣上，朵朵还没有准备扣，只见涵涵妈妈拿起朵朵手上的小鱼说："纽扣是这样扣的。"说完还拍了拍自己的胸脯，朝自己竖起了大拇指。接下来两次，同样当朵朵拿起小鱼的时候，涵涵妈妈马上就会从朵朵手上拿过小鱼，并将其扣或按在大鱼身上。当第三次又出现同样情况的时候，朵朵面无表情地说："我不玩了。"说完，头也不回地跑到美术区活动了。

这时，明明、涵涵和可可洗完手回来了，跑到操作台前准备活动，当他们准备从水果盘里拿出半根香蕉的时候，涵涵妈妈凑了过去说："我帮你们拿吧！"说完就拿出三根半根的香蕉放到幼儿面前的砧板上。当香蕉皮剥好后，涵涵妈妈还及时将香蕉皮拿过来放到垃圾筐里。接着，明明、佳佳和可可就开始在砧板上切起香蕉来。他们刚开始切香蕉，就听到涵涵妈妈在旁边不停地说："明明，你的香蕉切得太厚了；涵涵，你的刀拿反了，这样不好切；可可，香蕉要切成片，不是切成丁。"当她说完并发现幼儿没有根据她的提醒进行操作时，她立即走过去，手把手地帮他们切香蕉。当她扶着明明的手切香蕉时，明明大叫了起来："我不要你帮我切香蕉。"说完，拿起香蕉放入口中，脱下帽子就走了。可可和佳佳把切好的香蕉放入碗中，坐在餐桌前吃了起来，涵涵妈妈也立即坐了下来，笑着问可可和涵涵："香蕉好吃吗？你们能吃完吗？"

活动结束后，涵涵妈妈有点沮丧地说："小朋友都不太喜欢我陪他们玩。"

我说："这个区域里有很多内容都是平时在家爸爸妈妈经常做的事，我们在幼儿园内创设这样的情境，就是为了满足幼儿操作的欲望。今天，涵涵也去操作了，我们一起问问她的想法。"当我们问涵涵时，涵涵是这样回答的："妈妈一直说，还用手扶着我切香蕉，就像在家里一样，老师都是让我们自己切香蕉的。"

听了涵涵的话后，涵涵妈妈恍然大悟地说："原来是这样呀！我剥夺了孩子自己操作、尝试的机会，怪不得在家涵涵不愿意我跟她一起玩呢！"

这次家长志愿者活动后，我组织了班上所有家长志愿者进行了一个"岗前培训"，与大家共同探讨如何在区域活动中指导幼儿进行活动，活动中需要注意哪些方面；还根据家长的兴趣、特长，帮助家长志愿者有针对性地选择相应的区域活动，使其在区域活动中能更加有针对性地与幼儿进行互动。

过了一段时间后，涵涵妈妈又到班级健康区做志愿者。在活动中，涵涵妈妈一改上次与幼儿互动的方式，在活动中以观察为主，当幼儿出现问题时，她都鼓励幼儿自己先尝试一下，看看能不能自己找到解决问题的方法，如果无法解决，再介入活动之中。活动结束后，幼儿都围着涵涵妈妈说："涵涵妈妈，下次再来陪我们玩吧！"涵涵妈妈脸上又恢复了往日的自信，涵涵也得意地站在妈妈身边。

教师反思

1. 将家长志愿者纳入区域活动的指导之中，可充分发挥家长资源的优势。

我们根据家长的职业特点、兴趣专长等，邀请家长作为志愿者共同参与幼儿园的区域活动，这不仅拓展了幼儿的经验，而且家长无私奉献的精神对于幼儿来说也是最好的言传身教。班级有六个区域会同时开放，而每个区域又有多个不同的活动，全班幼儿分散在各个区域活动之中，对于班级中的两位教师来说，总会觉得眼睛不够用，家长志愿者的加入最直接地解决了教师无法同时观察多名幼儿的问题，使个性化的指导得到了落实。

2. 适当的"岗前培训"有助于家长在区域活动中与幼儿进行有效的互动。

每个家长的性格、特长、教育方式都各不相同，而且家长对于幼儿园区域活动的形式、内容和指导方法不甚了解。如贸然地让家长进入区域活动，他们虽然参与了区域活动的指导，却不明白参与的意义和目的，充当的只是活动的被动配合者，缺乏与幼儿的有效互动。在这种情况下，家长志愿者要么是一个旁观者，要么过度干预幼儿的活动，使家长常陷于"冷场"或"唱独角戏"的尴尬境地，反而会造成适得其反的效果。因此，适当的"岗前培训"能帮助家长更快地进入角色，在了解幼儿、了解活动的基础上，发挥自己的专长和特色，与幼儿进行有效的互动，使其体验指导过程的乐趣，获得成功感。

3. 家长参与区域活动指导可以帮助他们提高教育水平。

家长志愿者参与班级区域活动，不仅搭起了家园经验分享的平台，还能让家长志愿者更好地了解自己的孩子，了解孩子的发展特征，了解幼儿园的教育目标和内容。虽然家长志愿者付出了时间与精力，但同时他们也是受益者，家长通过与教师的交流与合作，学习了一定的教育方法，提高了教育水平。

第二节　健康区活动实例

活动一　我会自己吃点心

【核心经验】

学习自己倒豆浆，增强双手动作的协调能力。

【相关经验】

数学领域：感知2以内的数量。

社会领域：在教师帮助下，学习根据自己的需要选择吃点心的时间和豆浆的量，轮流倒豆浆，人多时会等待。

【活动准备】

1. 在班级的时钟上，用明显的标记标出吃点心的结束时间。（见图2-8）

2. 将靠近茶杯橱的位置设置成健康区：摆放桌子和椅子，数量可供4—6位幼儿同时吃点心。

3. 用两个较轻的茶壶装豆浆（牛奶），分别放在桌子的两头，便于幼儿取放，点心放在桌子中间，茶壶上贴"小心"的标记，制作点心量的提示牌，用点子表示。（见图2-9、图2-10）

图2-8

图2-9

4. 一包抽纸和一面小镜子，以便幼儿吃完点心后擦嘴巴。

5. 记录表（见图2-11），表上排列幼儿照片，用于幼儿吃完点心后自己贴星星，记录吃点心的情况。

图2-10

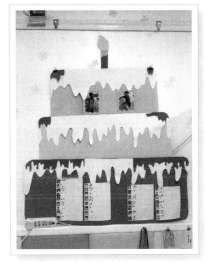
图2-11

【玩法说明】

1. 幼儿自主决定吃点心的时间，可一入园就吃点心，也可以先玩一会儿再吃。只要在规定时间内吃完即可。

2. 幼儿自己取杯倒豆浆，自主决定喝豆浆的量（不少于小半杯），按量拿取点心，坐于桌边吃点心。吃完后将杯子放在待洗盆中，用纸巾擦完嘴再离开。

【活动指导】

1. 集中介绍。

（1）教师帮助幼儿明确，每天早上要到健康区自己吃点心。

（2）教师示范、讲解吃点心的步骤，强调看提示牌按量拿点心、吃完后杯子放回原位置等规则。

（3）教师引导幼儿学习观察时钟上的计时标记，知道自己可以安排时间，但要在规定时间内完成。

2. 观察指导要点。

（1）教师观察幼儿到园后，是否记得先洗手再吃点心，如果忘记了，应

及时提醒。

（2）对于一些入园较迟的幼儿，教师引导幼儿观察时钟上的标记，帮助幼儿明确要赶紧去吃点心，并提醒幼儿在标记时间内吃完。

（3）教师观察幼儿是否按量取点心，如幼儿无意识，应提醒幼儿看提示牌拿点心；观察幼儿是否会自己倒豆浆，如没有困难，教师不干预，如有困难，教师可用语言鼓励幼儿，如双手端稳豆浆壶、对准茶杯倒豆浆等。

（4）教师观察幼儿是否记得吃完点心后，在记录单上贴星星做记录。

3. 分享交流。

教师引导幼儿观察记录单上的星星，鼓励幼儿在一定时间内自主吃点心。

此活动中，可以先让保育老师将大壶里的豆浆（或牛奶）分装到两个小茶壶中，注意每个茶壶中量不要过多，只倒小半壶，便于幼儿自己倒，壶中量变少后保育老师要及时添加。

活动二　我会切香蕉

【核心经验】

学习用塑料刀，将一根香蕉切成小段，增强手部动作的力量及双手协调能力。

【相关经验】

科学领域：进一步感知香蕉的特点。

数学领域：感知整体和部分、长和短。

健康领域：安全使用塑料刀。

【活动准备】

1. 塑料刀和塑料盘子。

2. 香蕉若干根，洗干净后放在中间的大盘子里。

3. 空筐一个。

【玩法说明】

1. 幼儿从中间大盘子里拿一根香蕉，自己剥香蕉皮，并将剥下的香蕉皮放在中间的空筐里。

2. 幼儿将剥好的香蕉放在自己的塑料小盘中，一手握刀一手扶香蕉，将一根长香蕉切成小段，最后自己尝一尝。

【活动指导】

1. 集中介绍。

教师出示操作材料，引导幼儿观察并了解玩法，提醒幼儿注意刀的使用安全及卫生。

2. 观察指导要点。

（1）教师引导幼儿先洗手，再进区活动。

（2）教师观察幼儿是否会剥香蕉，如有困难，可引导幼儿从一头开始，用自己的方式（如拧、抠、掰）剥香蕉。

（3）教师观察幼儿的操作动作，如能否较协调地一把抓握住刀柄、刀口向下，将一根香蕉切成短短的小段，及时表扬、鼓励幼儿反复操作。

（4）教师引导幼儿观察果肉，说说自己看到的香蕉的颜色和形状，以及品尝的味道。

（5）如提供的香蕉较大，教师可鼓励幼儿和同伴分享切好的香蕉，提醒幼儿吃适量的香蕉。

【活动延伸】

教师可提供不同的水果，如西瓜，将西瓜去皮后切成大块，放在中间的盘子里，幼儿将大块西瓜切成小块或西瓜丁。（见图2-12）

图2-12

活动三　我会叠衣服

【核心经验】

学习折叠衣服、裤子，发展双手协调能力。

【相关经验】

社会领域：自己能做的事情愿意自己做。

语言领域：理解儿歌内容，清楚地念儿歌。

【活动准备】

1. 在健康区中提供折叠服装的步骤图，可以用叠实物衣服的照片来呈现。（见图2-13）

2. 在健康区的一角放置1—2个儿童挂衣架，幼儿来园后可将自己的外套、背心挂在衣架上，区域活动时，直接用衣架上的衣物进行练习（见图2-14）。教师可请幼儿带裤子，挂在衣架上（可按小组轮流提供）。

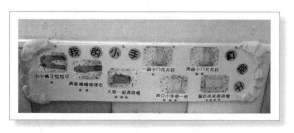

图2-13　　　　　　　　　　　　　　　　　图2-14

【玩法说明】

1. 幼儿从衣架上取下一件衣服，放在小桌上，正面朝上。

2. 幼儿根据步骤图及儿歌内容，练习折叠衣服（或裤子）。（见图2-15）

3.折好后，在记录单上奖励自己一颗星星（见图2-16）。

图2-15

图2-16

【活动指导】

1.集中介绍。

教师带领幼儿共同观察、了解步骤图的意思，同时边念儿歌边示范折叠衣服，帮助幼儿了解儿歌内容与动作的关系。

2.观察指导要点。

（1）教师观察幼儿是否愿意尝试练习折叠衣服，如不愿意，鼓励幼儿尝试。

（2）教师观察幼儿在练习的过程中，是否会按顺序折叠衣服，如有困难，教师可借助儿歌提示幼儿，或让幼儿观察步骤图中的照片，进行模仿。

（3）教师鼓励幼儿自己边念儿歌边折叠衣服，完成后自己贴星星记录。

（4）一段时间后，教师借助记录单进行反馈，鼓励坚持练习的幼儿，提醒没有练习的幼儿去试一试。

活动四　剥橘子

【核心经验】

1.能用自己的方式将橘子皮剥下来，增强双手协调能力。

2.喜欢吃橘子等水果。

【相关经验】

科学领域：感知橘子的形状、颜色、味道等特征。

社会领域：喜欢承担一些小任务，并反复尝试。

【活动准备】

1. 橘子若干（可提供小橘子，以免橘子太大，幼儿吃不下），洗干净后放在中间的大盘子里。

2. 空筐，小盘子一个，抽纸一盒。

【玩法说明】

幼儿自己从中间的大盘子里拿一个橘子，自己试着用抠、掰等方式将橘子的外皮剥下来，并将剥下的橘子皮放在空筐里，然后品尝自己剥好的橘子。（见图2-17）

【活动指导】

观察指导要点。

（1）教师提醒幼儿洗手后进区，观察幼儿是否会用自己的方式

图2-17

剥橘子，如有困难，教师可用语言进行提示，如"先扒开一个口试一试"。

（2）教师观察幼儿是否会自己将橘子皮一片片地剥（或撕）下来，并放在空筐里，鼓励幼儿自己动手尝试。

（3）教师鼓励幼儿自己品尝剥好的橘子，如橘子较大，鼓励幼儿和同伴分享，引导幼儿说说橘子的味道，学习用"酸酸的""甜甜的"等词语表达。

活动五　给娃娃穿衣

【核心经验】

学习给娃娃穿衣服，增强双手协调能力。

【相关经验】

数学领域：分辨衣服的前、后、里、外。

社会领域：自己能做的事情愿意自己做。

【活动准备】

1. 在生活区的桌上摆放一些较大的毛绒玩具或仿真娃娃。

2. 请幼儿将自己不穿的小衣服带入园。教师按一定的规律选择并提供给幼儿，一是衣服的大小与提供的娃娃匹配；二是按一定的顺序提供，先提供背心，再提供开衫（纽扣的方式不同，如按扣、纽扣、拉链）、套头衫等便于幼儿操作的衣服，叠好后放在框中或挂在儿童衣架上。

【玩法说明】

1. 幼儿从衣架上选择一件衣服，在桌上找一个毛绒玩具。

2. 幼儿尝试用自己的方式给小动物穿衣服。（见图2-18）

图2-18

【活动指导】

1. 观察指导要点。

（1）教师观察幼儿是否愿意给小动物（或娃娃）穿衣服，教师可通过语言、动作鼓励幼儿尝试。

（2）教师观察幼儿是否会用自己的方式给小动物穿衣服，并且能区分衣服的里、外、前、后，不给小动物穿反衣。

● 如果幼儿穿反了或穿不起来，教师可引导幼儿观察自己身上的衣服，分清里、外，再进行尝试。

● 如果幼儿双手配合不够协调，教师可提示幼儿两手一起给小动物（或娃娃）穿衣服，并及时表扬幼儿的努力，引导幼儿坚持给小动物（或娃娃）穿完，完成后贴一颗星星奖励自己。

2. 分享交流。

教师引导幼儿欣赏穿好衣服的小动物（或娃娃），并请个别幼儿示范给小动物（或娃娃）穿衣服，丰富幼儿的相关经验。

 小贴士

　　在日常生活中，教师可利用午睡起床环节，鼓励幼儿迁移给小动物（或娃娃）穿衣服的经验，尝试自己穿衣服。

活动六　晾袜子

【核心经验】

能用晾衣夹夹住袜子，增强手指的力量及手眼协调能力。

【相关经验】

数学领域：感知配对、空间位置。

社会领域：喜欢承担一些小任务，并反复尝试。

【活动准备】

1. 收集幼儿不穿的、干净的袜子，教师将袜子集中放在筐中。

2. 在生活区的一角悬挂两个多头的塑料衣架，悬挂的高度以幼儿站在地上手臂稍稍上举就能操作为宜。

【玩法说明】

1. 幼儿从放袜子的筐中找出一只或一双袜子，然后在衣架上找一个空夹子。

2. 幼儿自由尝试用小夹子夹住袜子不让其掉落。（见图2-19、图2-20）

图2-19

图2-20

【活动指导】

1. 集中介绍。

教师出示材料，引导幼儿观察、认识晾衣架，讲解、演示晾衣架的使用方法，帮助幼儿了解活动玩法。

2. 观察指导要点。

（1）教师观察幼儿从筐里拿出的是一只袜子还是一双袜子，如果幼儿一只只夹袜子，教师不干预，待操作熟练后，可鼓励幼儿根据花纹和式样找出一双袜子。

（2）教师观察幼儿是否会用自己的方式打开塑料夹，并用夹子夹住一只或一双袜子。待幼儿操作熟练后，教师鼓励幼儿用夹子夹住一双袜子。

（3）教师观察幼儿在衣架上是否能找到空的夹子，如果无困难，不干预；如果找不到，教师可通过语言或动作引导幼儿将衣架转一转，或拨开袜子到中间找找。

活动七　剥开心果

【核心经验】

尝试剥开心果壳，增强手指的力量及双手协调性。

【相关经验】

科学领域：认识开心果，感知其形状、颜色、质地、味道等特征。

社会领域：知道安全吃坚果的方法。

数学领域：感知3以内的数量。

【活动准备】

1. 教师可提供一些生活中便于找到或购买到的、开口的、熟的坚果，如开心果。

2. 将开心果（或其他坚果）放在中间的大盘子里。

3. 人手一个小盘子，用于倒果壳的废物筐一个。

【玩法说明】

1. 幼儿从中间的大盘子数3颗开心果放在自己的小盘子里。

2. 幼儿用自己的方式剥开心果，品尝剥好的开心果。

3. 将剥下的果壳倒进废物筐。

【活动指导】

1. 集中介绍。

（1）教师引导幼儿观察、认识开心果的形状、颜色、质地等特征。

（2）教师出示盘子、废物筐，介绍活动玩法，让幼儿数3颗放在自己的盘子里，剥下的果壳放进废物筐。

（3）教师引导幼儿讨论吃开心果要注意的安全事项，如用牙嚼碎、不整个吞咽、吃的时候不说话等。

2. 观察指导要点。

（1）教师观察幼儿是否会数3颗开心果，如有困难，可适当引导幼儿拿一颗数一颗。

（2）教师观察幼儿用什么方式将开心果剥开，如掰、咬等，鼓励幼儿用自己的方式尝试。

（3）教师鼓励幼儿用牙齿反复咀嚼开心果，将开心果嚼碎，提醒幼儿吃开心果时不说笑，以免呛到。

（4）教师引导幼儿说说开心果吃到嘴里的感觉。

【活动延伸】

幼儿吃剩下的开心果壳可放在美术区，做粘贴画时用。

图2-21

在幼儿参与这个活动的初期以及在日常活动中进餐、吃点心时，教师要有意识地帮助幼儿养成良好的习惯，如吃东西时不说话，吃完再说，一方面保证幼儿的安全，另一方面增强幼儿自我保护的意识和能力。

活动八　剥鹌鹑蛋

【核心经验】

1.能将鹌鹑蛋的蛋壳剥下来，进一步提高手指的灵活性。

2.愿意吃鹌鹑蛋。

【相关经验】

科学领域：认识鹌鹑蛋，感知其形状、颜色、大小、质地、味道等特征。

数学领域：感知"1"和"许多"。

【活动准备】

1.将煮好的鹌鹑蛋放温后放在大盘子里。

2.小盘子。

【玩法说明】

1.幼儿从中间的大盘子里拿一个鹌鹑蛋。

2.幼儿尝试用自己的方法将鹌鹑蛋的蛋壳剥下来。

3.幼儿品尝剥好的鹌鹑蛋。

【活动指导】

观察指导要点。

（1）教师观察幼儿是否知道先洗手，若不知道可提醒。

（2）教师让幼儿观察盘子里的诸多鹌鹑蛋，选择一个，观察其形状、颜色、大小等特征。

（3）教师观察幼儿是否会用自己的方式将鹌鹑蛋的壳剥下来，如有困难，教师用语言鼓励幼儿尝试，如幼儿找不到方法，教师可引导幼儿看看同伴是怎么剥蛋壳的，然后再尝试。

（4）教师引导幼儿观察鹌鹑蛋剥了蛋壳后的样子，品尝后说说感觉。

【活动延伸】

教师可将幼儿剥下的鹌鹑蛋壳收集起来，放在美术区进行蛋贴画。

活动九　卷袜子

【核心经验】

学习卷、翻袜子并摆放整齐，进一步提高双手协调性。

【相关经验】

数学领域：感知一双、配对。

【活动准备】

1. 请幼儿将自己不穿的、干净的袜子带来，教师用筐装好。（见图2-22）

2. 一个空筐。

【玩法说明】

幼儿从筐里找出一双袜子，将两只袜子对齐，双手同时从袜头处开始卷，卷到袜口停下来，将一只袜子的袜口打开，并向后翻，包住卷好的袜子。

图2-22

【活动指导】

1. 集中介绍。

（1）教师引导幼儿观察一双已卷好的袜子，猜测将袜子卷起来的方法。

（2）教师将袜子打开，引导幼儿观察袜子是如何卷起来的，帮助幼儿了解要一双袜子叠放后再从袜头开始一点点地卷。

2. 观察指导要点。

（1）教师观察幼儿是否能从筐里找到一双袜子，并将两只袜子对齐叠放在一起。如果幼儿只拿了一只袜子来卷，教师可用情境的方式引导幼儿找一双袜子，如"还有一只袜子呢？宝宝只穿一只袜子会受凉的，要找到一双一起卷"。

（2）教师观察幼儿是否会从袜头开始卷袜子，并用翻袜口的方式包住袜子。

● 如幼儿不知道从袜头开始卷，教师观察幼儿不成功后能否自己调整，若不能再用语言提示。

● 如果幼儿翻袜口有困难，教师可通过与幼儿同步操作的方式，引导幼儿掌握翻袜口的方法。对于仍有困难的幼儿可不强求翻袜口，只要将袜子卷起来即可。

【活动延伸】

教师可利用锻炼前后、午睡起床等生活环节，鼓励幼儿自己穿衣服。

活动十　榨果汁

【核心经验】

尝试操作榨汁机榨果汁，增强手臂力量。

【相关经验】

科学领域：感知水果的形态变化。

【活动准备】

1. 手动榨汁机一套，并将其固定在桌子边。（见图2-23）

2. 选择汁多、较软的水果，如西瓜、橙子等，将水果去皮，切成大块，放在中间的大盘子里。

3. 塑料刀、盘子、杯子。

图2-23

【玩法说明】

1. 幼儿用塑料刀将大块西瓜切成小块，将小西瓜块一个个地放进榨汁机的"大嘴巴"中，将杯子放在榨汁机的"小嘴巴"处。

2.幼儿转动手柄，榨出果汁。

3.将果汁倒在自己的杯子里品尝，喝完放在待洗的盆里。

【活动指导】

1.集中介绍。

（1）教师出示榨汁机和水果，介绍活动内容，引起幼儿操作的兴趣。

（2）教师示范讲解榨汁机的使用方法及安全卫生要求，强调先洗手再操作，放好水果块才能转动把手，用过的杯子放在盆里，教师清洗过才能再用。

2.观察指导要点。

（1）教师提醒幼儿洗手后再观察指导要点。

（2）教师观察幼儿是否会用塑料刀将大块西瓜切成小块。

（3）教师观察幼儿的操作情况，能否按照步骤进行操作，幼儿遇到困难时教师可适当提示。

（4）教师观察幼儿摇动手柄榨果汁的情况，教师提示幼儿一手扶住榨汁机，一手用劲摇手柄，如仍有困难，可鼓励幼儿邀请同伴帮助扶着榨汁机，教师也可引导两人配合榨果汁。（见图2-24）

（5）教师引导幼儿观察西瓜变成西瓜汁的过程，说说自己看到的现象。

图2-24

活动十一　剪豇豆

【核心经验】

1.学习用剪刀将长长的豇豆剪成一段一段的，培养专注力及手眼协调能力。

2.学习安全地使用剪刀。

【相关经验】

科学领域：感知豇豆的形状、颜色、质地等特点。

社会领域：感受劳动的喜悦。

数学领域：感知长、短。

【活动准备】

1.豇豆若干。

2.剪刀、小筐。

【玩法说明】

幼儿每次拿一根长长的豇豆，一手拿剪刀，一手拿豇豆，打开剪刀口"咬"在豇豆合适的位置上，剪下一节豇豆（用小筐接住）。反复操作，直至将一根豇豆剪完。

【活动指导】

1.集中介绍。

（1）教师引导幼儿观察、认识豇豆，出示剪刀等材料，引起幼儿活动的兴趣。

（2）教师示范讲解剪豇豆的方法，重点强调抓握剪刀的方法，让幼儿知道剪刀头要朝前，不用时要放回小筐中。

2.观察指导要点。

（1）教师观察幼儿是否会正确地抓握剪刀、安全地使用剪刀，使用时剪刀头朝前打开，不用时及时放回小筐中。教师用语言提示安全要求，用动作示范或帮助引导幼儿学习正确的抓握方法。

（2）教师引导幼儿观察并说说豇豆的长短变化以及其他发现。

图2-25

【活动延伸】

幼儿在午餐时品尝自己的劳动成果，感受劳动的喜悦。

此活动可结合幼儿园午餐开展，不一定每天都剪。

第三章
语言区

第一节　语言区的建构与指导

一、语言区的价值

学前期是幼儿语言能力发展的关键期，在幼儿园，教师不仅注意设计、组织各种专门的语言教育活动，也关注在其他领域活动中，发展幼儿的语言能力，而且越来越关注语言区的创设，在语言区对幼儿进行观察和指导，努力实现其对幼儿语言能力发展的独特价值。

幼儿园语言区是幼儿园利用活动室一隅，通过环境烘托、材料分布、家具隔挡等方式划分出的，用于开展与语言经验相关的各种活动的区域。也就是说，语言区里的一切活动始终要围绕语言学习的核心经验开展，教师选择幼儿感兴趣的、多样的语言活动材料及活动类型，有目的、有计划地创设语言环境，促进幼儿与材料、环境、同伴的充分互动，从而使幼儿获得个性化的语言学习与发展。

1.语言区能促进幼儿对语言学习的兴趣不断延伸和拓展。

一个真正让幼儿喜欢的语言区必定是能满足他们的不同兴趣的场所，并且能让幼儿对语言学习的兴趣不断延伸和拓展。语言区里的环境宽松而自由，材料多样而有趣，活动丰富而开放，幼儿可以选择自己喜欢的活动，比如读读书、听听故事、讲讲故事、说说想法、记录发现等。有了兴趣的支撑，幼儿更能发挥自己的主观能动性，主动获取听说读写方面的经验，促进成就感的获得，从而增强运用语言学习和交流的兴趣，而一些原本对语言表达和交流不感兴趣的幼儿，也能通过参与语言区活动，获得积极的肯定，发展出对语言学习的兴趣。

2. 语言区能充分满足幼儿在语言学习中个别化学习和发展的需要。

幼儿的发展水平存在着差异，他们的学习方式、学习速度各有不同。在语言学习中，有的幼儿喜欢表达而不善于倾听，有的幼儿喜欢倾听而羞于表达、交流，有的幼儿需要多次倾听才能理解，有的幼儿需要反复练习才能内化，有的幼儿需要在互动中积累交流的体验，有的幼儿需要通过模仿获得表达的经验。教师在语言区里，可以为幼儿量身定制个性化的活动，针对幼儿的个体差异进行个性化的帮助和指导，让幼儿按照自己的学习方式和速度进行语言学习，以满足不同层次幼儿的发展需要。

3. 语言区能促进幼儿社会性和个性等方面的发展。

语言区宽松自由的氛围给幼儿提供了相互交流、合作的机会。幼儿可以在语言区的阅读、听故事、看视频等活动中，和教师、同伴自由地交流互动，感受交流的愉悦，学习交往的语言和方式，发展社会交往的能力。在语言区的故事表演、语言游戏等活动中，需要幼儿两两合作或是多人合作，幼儿学习相互理解和包容，共同商议合作的方式，使合作的意识和能力获得增强。这些互动、合作的语言活动，不断增强幼儿在语言表达和交流中的自信，让幼儿敢于说、乐于说，也有利于幼儿个性的大胆释放。

4. 语言区给予幼儿自主选择和自主管理的机会和空间。

幼儿到语言区活动，时间、内容、材料、同伴都可以自己选择，他们可以自己决定要看的图书，决定在哪个角落活动，甚至决定用这个材料还可以做什么事情，在这里，他们的心情是轻松的，他们的意愿会得到充分的尊重和接纳。幼儿除了有自主选择的机会，还能够决定一周里哪天来看书，对自己的活动进行自主安排。语言区里图书如何放便于选择，指偶、头饰怎样放更整齐，电脑播放器如何使用不会损坏，这些都需要幼儿自己收放管理。因此，语言区让幼儿有机会学习管理自己的活动和物品材料，发展自主管理的能力。

二、语言区的环境创设

 我们这样想

　　3—4岁幼儿刚刚进入幼儿园这个新的环境，需要一个慢慢适应的过程，他们情绪不稳定，有的还会出现分离焦虑，因此，教师将语言区营造出可爱、温馨、安静的氛围能稳定幼儿的情绪，帮助他们进入阅读、交流的世界。这个阶段的幼儿感知觉发展迅速，需要将视听、操作中获得的经验联系起来，使经验更加丰富、生动，促进其感知觉的发展。因此，根据幼儿的发展需要，语言区里应呈现多感官参与的功能区，如阅读图书、听说故事、操作玩偶等小的区域。

我们这样做

1. 创设独立、封闭、温馨的区域环境。

　　选择活动室靠窗的一角，与音乐区、建构区等"动"的区域分开较远距离。如果自然光线不足，需要增加照明的光源。用幼儿的床和书柜围成比较封闭的区域，减少外来的干扰。注意分隔物要低矮，如果太高，会挡住教师的视线，不能观察到幼儿的情况，幼儿也会因看不到教师而缺乏安全感。书柜的色彩要温馨，地上铺泡沫软垫，摆放粉色的小沙发和靠枕，以及幼儿喜爱的动物绒毛玩具，有条件的幼儿园可摆放

粉色的基调，可爱的动物形象吸引着幼儿，让幼儿喜爱

图3-1

小帐篷,形成幼儿自己阅读或与同伴交流的私密空间,还可悬挂一些布书、小秋千,这些设施以及粉色的基调能营造出温暖、安全,富于童趣的阅读氛围。教师应注意环境中要减少无关刺激,不论是墙面的内容,还是营造氛围的毛绒玩具,都不要过多、过杂,以免分散幼儿的注意力。

2. 按活动类型设立小区域。

随着语言区的活动类型不断丰富,我们发现,将不同类型的阅读活动放在一起会相互影响,如正在阅读图书的幼儿会被旁边幼儿操作点读笔的声音吸引过去;操作玩偶说故事时,有的幼儿看到同伴玩iPad会丢下玩偶也去玩。于是,我们将语言区又分出看、听、说、做等小功能区,运用低矮的台面、鞋柜、书柜等进行隔断,尽量使各个小区域相对独立,但又不分离,让幼儿既能看到不同活动形式,进行选择,又不相互干扰、分散注意力。

语言区里的材料类型越来越多样了,我们将材料分别用书柜、架子、收纳筐等放在相应活动类型的区域里,这样不仅让环境有序,而且能暗示幼儿各小区域的活动内容,便于幼儿随用随取。

既独立又不分离的小功能区让参与不同活动的幼儿都有自己的空间

每个区域都有相应的活动材料,等待着幼儿选择

图3-2

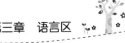

温馨提示

在这个阶段，幼儿的思维仍带有很大的直觉行动性，对事物的观察大多停留在表面肤浅的层次上，他们还不会按目的去观察、寻找自己要读的图书，因此，环境中无论是图书的呈现还是其他内容的展示，都应是直观具体的，多以实物为主，并让幼儿能随处看到，随手取到。比如书柜中每本图书的封面都让幼儿看到，书袋选择透明的，露出书的封面。

注意充足的光线，对于保护幼儿稚嫩的眼睛非常重要

透明的书袋让一本本图书一目了然

图3-3

图3-4

三、语言区规则的建立

我们这样想

3—4岁幼儿正处于规则意识、习惯初步形成的阶段，控制自己行为的能力有待发展，为了保证语言区活动的开展，区域规则的建立至关重要。进入

语言区可以做哪些事情、区域中最多能同时容纳多少人、怎样有序地取放图书和材料等都需要教师帮助幼儿明确和理解，并逐步学习并遵守，从而促进幼儿初步的规则意识的建立。3—4岁幼儿的思维具体直观，行为具有强烈的爱模仿、情绪性的特点，因此，同2—3岁幼儿一样，教师依然要运用讲解演示、行为榜样、游戏情境等正面直观的方法，帮助幼儿理解并主动遵守区域规则。

我们这样做

1. 用脚印标记暗示进区人数。

当我们在语言区里放上有趣的图书或玩具时，好模仿的幼儿会蜂拥而至，语言区里人满为患，怎么能保证适宜的人数呢？对于自我中心较强、计数能力有待发展的3—4岁幼儿来说，让他们自己把握是非常困难的。我们利用进区要脱鞋的需要，在进区的地方贴上几对脚印标记，在幼儿发现这些新出现的标记后，我们和幼儿一起讨论"这些

教师和幼儿讨论脚印标记，幼儿有不少经验呢

图3-5

小脚印是做什么的呢？"幼儿纷纷说："放鞋子的。""脚印上摆满了怎么办？"教师追问着。"没有空的脚印就不能进去了，可以先选别的活动。"幼儿说。脚印标记有效地控制了进区人数，保证了区域活动的有序。

2. 用一一对应标记建立收放图书及操作材料的规则。

幼儿带来许多图书，我们把它们放在书架上、书袋中，并在柜中放上玩偶、桌面玩具等，可是一段时间下来，图书和操作材料经常找不到原来的踪影，有的图书藏在别的图书后面，有的图书"背"向大家，幼儿随拿随放，

哪还会想自己要读什么书。3—4岁幼儿正处于感知——对应的阶段，他们的思维直接、具体，于是我们在书架上、书袋中给每本书、每份材料找到一个"家"，给每"家"都贴上简单的形状或动物标记，相应地，这本书的书角上也贴上一样的标记。当幼儿看完一本书，我们观察他能不能找到一样的标记把书送回"家"，如果找不到，我们就提醒他"看一看，它的家在哪里，门牌是什么样的？"逐渐地，幼儿养成了给书找"家"的习惯，而且没有出现图书"背"向大家或者倒立的现象。如果请幼儿整理书柜，他们可以不需要教师的帮助，就将图书放得整整齐齐，因为标记给了他们最好的帮助。（见语言区活动一）

3. 提供语音提示，建立表演规则。

表演活动中常会出现角色分配、同伴协调等诸多问题。3—4岁幼儿解决问题的能力还很弱，要让表演顺利进行，往往需要成人的带动或提示，但区域活动时，若干个活动同时进行，两位教师很难只指导某个区域或某个活动，于是，我们用录制的语音提示表演中的规则。开始时，语言提示幼儿"选一个小动物头饰戴起来"，这是提醒幼儿要先选择角色，做好准备；接着提示各角色做准备的位置，有的在台上，有的在台下，并注意空一段时间，让幼儿做准备；然后是表演中的动作、语言提示，表演完提示"故事演完了，到别的区里玩一玩吧"，或"换一个小动物试试"，提醒幼儿可以换角色继续表演，或是换区域玩。在语音提示的伴随下，幼儿不仅清楚了每个步骤，明确自己应该怎样做，而且在语音营造的故事情境中，更有兴趣参与表演。

温馨提示

1. 教师注意自身行为的榜样作用。

同2—3岁幼儿一样，3—4岁的幼儿仍喜欢模仿他人的行为，所以，教师依旧要注意自身行为的规范。入区时，脱下鞋子放在脚印上，拿起一本书轻声地讲故事，套上指偶边玩边念儿歌，结束后轻轻放在标记旁边，这一言一行，以及表现出的对图书认真、爱惜的态度，都会被幼儿看在眼里、记在心里，甚至跟随着一起做，在不断模仿中让规范的行为逐渐成为幼儿自己的行为。

2. 规则呈现拟人化。

3—4岁幼儿思维具体形象，我们就将规则具体化，绘制成幼儿能看懂的拟人化画面，贴在阅读区幼儿随时能看到的地方，提示幼儿看书、放书、想要交换时应该怎样做。当幼儿一直不能进入活动或干扰到同伴时，教师可以引导幼儿看墙上的图画学一学、做一做。幼儿可以看得懂的拟人化的图标，能真正发挥其潜移默化的作用。（见语言区活动二）

四、语言区的材料与内容

我们这样想

在语言区活动中，3—4岁幼儿由于经验、能力欠缺，比较依赖教师的带动，教师如何通过材料和内容的提供，让幼儿逐渐学习自主活动呢？该阶段幼儿的思维逐步由直觉行动向具体形象发展，逐步能在直接感知具体事物时进行思考，其语言经验的积累也需要依靠多种感官的协同作用。因此，我们在投放材料时，不只局限于纸质图书，同时还结合图书内容配以录音、视频、指偶、桌面玩偶、头饰等材料，让幼儿自己借助多样的工具、材料，调动视听等不同感官进行阅读。

图3-6

我们这样做

1. 从幼儿自带的图画书中筛选内容重复、画面主体突出、游戏性强的图书。

3—4岁幼儿喜欢反复阅读自己熟悉的书，我们请家长和幼儿一起精心挑选图画书带到幼儿园来。但是我们发现这些书的内容和画面良莠不齐，需要进行筛选。该阶段幼儿注意力的转移、分配能力都很差，观察画面时，他们仅能注意其中主要的、鲜明的部分而忽视其他部分，因此，我们挑选出单页单幅画面、画面简单且主体突出、文字少或无文字的图画书，如《小蓝与小黄》、"鼠小弟系列"图画书等。针对幼儿喜欢重复、模仿的特点，以及幼儿最近的兴趣点，我们选择了情节单一、易于理解、内容重复性强、便于模仿、与幼儿的经验紧密联系的图画书，如围绕汽车主题的《开汽车》《我最喜欢的车子》，结合幼儿生活自理的"小玻系列""嘟里帕啦系列"图画书。洞洞书、立体书具有鲜明的操作性和游戏性，很符合该阶段幼儿喜爱游戏的心理特点，如《好饿的毛毛虫》《汽车的轮子》，都受到幼儿的喜爱。

2. 提供与图书内容相匹配的视频和音频材料。

我们将《我妈妈》放在语言区，幼儿因不熟悉内容而很少选择，我们就按照图书内容录制了故事音频，告诉幼儿除了看还可以听这个故事。幼儿好奇地打开iPad，找到《我妈妈》，一边听一边看，很快读完了这本书。我们又制作了《我爸爸》等一系列图书的录音，陆续放入语言区，幼儿可以选择点击播放，自此，这个系列的图书成了幼儿每次进区的首选。

在此启发下，我们过一段时间就将重点投放的图书故事录制成音频，与图书同时投放在语言区里，并拓展到投放优秀的图画书视频文件以及点读笔。有了这些音频、视频材料，在语言区里，幼儿能根据自己的喜好进行选择，调动视觉、听觉等多感官进行不同的阅读。

播放器和点读笔

用iPad听故事

图3-7

图3-8

3. 提供游戏化的操作及表演材料。

3—4岁幼儿发音能力发展迅速，是培养幼儿正确发音的关键期，言语经验的积累需要依靠多种感官协同作用。因此，教师在区域中观察幼儿阅读时，发现包含重复的简单句或对话的图书，就鼓励幼儿模仿，说说这些语句，但是几次以后幼儿就不太想说了。怎么让幼儿喜欢说呢？于是我们根据幼儿喜欢游戏的心理特点，寻找或制作相应的指偶、头饰或桌面操作材料，在语言区里和幼儿边玩游戏边说。如"请进来"游戏中的对话"咚咚咚。""谁敲门？""我是小鸡叽叽叽。"这些对话语言非常鲜活生动，适合幼儿学说。为此我们制作了书中角色的头饰，用纸板布置简单的场景，带领幼儿分好角色，边玩敲门的游戏边说对话，并与阅读图书相互配合。幼儿有时选择阅读，有时想玩游戏，在游戏中反复感知了图书内容，丰富了言语经验，提高了语言表达的积极性。（见语言区活动四、七、九）

温馨提示

3—4岁幼儿正处于阅读能力、语言发展的关键期，图画书承载了丰富多样的信息，可以让幼儿在自己经验的基础上获取图画、符号信息，因此，幼儿的阅读材料要以图画书为主，录音、点读笔一定要根据幼儿需要使用，如果过多地使用，不仅会剥夺教师陪伴幼儿阅读的机会，还会剥夺幼儿自己观察画面进行想象的空间。视频对幼儿眼睛的伤害大，更应尽量少用，并控制时间，如让幼儿知道每个故事5分钟，每次看一个故事。3—4岁的幼儿仍喜欢模仿同伴的行为，和2—3岁幼儿一样，教师依旧需要提供同样的图书人手一本，材料的种类不宜过多，以免分散他们的注意力。

五、语言区的教师指导

我们这样想

3—4岁幼儿喜欢听故事、看图书，初步有了阅读的兴趣，阅读习惯正在初步养成，对待图书的积极态度有待发展。因此，在语言区中教师指导低龄幼儿的主要任务是进一步激发他们的活动兴趣，使他们有看、听、说的愿望，帮助他们养成倾听、翻阅、收放等良好的习惯，并鼓励他们爱护图书。

3—4岁幼儿还不会有目的地去观察，思维仍带有很强的直觉行动性，并开始向具体形象思维发展，教师要针对幼儿的思维特点，运用直观形象的材料和策略引导幼儿选择、阅读、操作，帮助幼儿在自己经验的基础上积累阅读、表达的基本技能和方法。

我们这样做

1. 集中讲故事，激发幼儿选择图书的兴趣。

我们观察幼儿选择图书的情况，发现他们喜欢熟悉的图书，而教师没讲过的图书经常无人问津。我们每天给幼儿讲一本书橱里的图书，区域活动前，或是吃饭前，或是午睡前，或是下午家长来接前，都可以成为幼儿倾听故事的时光。讲述故事的时候，我们将画面面对幼儿，或者用实物展示台展示画面，让幼儿能够看着画面听故事，一方面有助于他们借助画面听懂故事内容，另一方面有助于将听到的内容与画面对应起来，为自己阅读图书时看懂画面积累具体的感知经验。当书橱里的图书都读完了，我们请幼儿再次挑选图书，反复阅读，反

> 拿到自己熟悉的图书，幼儿开始专心地自己看书，有的还会边看边说呢

图3-9

复讲述，让幼儿在反复感知中熟悉图书内容，产生阅读的兴趣。

2. 陪伴阅读，让幼儿学习阅读的方法，养成良好的习惯。

同2—3岁幼儿一样，3—4岁幼儿独立活动的能力仍较弱，缺乏自主活动的意识，在语言区活动时依旧需要我们的陪伴。

（1）在带动阅读中示范阅读行为。

入园初期，许多幼儿情绪不稳定，和教师们逐渐熟悉后又特别依恋教师，只要教师靠近语言区，就有幼儿喊"老师，给我讲故事"。而有的幼儿在沙发和垫子上跑来跑去，用绒毛玩具玩起了抛接游戏，要不就是随便翻几页书就扔一边。这时，就需要我们多多陪伴他们了。共同阅读时，每个幼儿手中拿一本同样的书，从封面开始，带领他们一页页地翻书，发现幼儿感兴趣的页面就指一指、说一说，渐渐地他们就知道了怎样看一本书，怎样翻书角。有时，我们还可以在环境中布置规则画面、示范性行为照片，或是通过提醒、询问等，引导幼儿学习正确的阅读行为，促进良好阅读习惯的养成。

> 对小年龄幼儿来说，他们更喜欢听老师的朗读，或者带着一起看书，享受温馨的时刻

图3-10

（2）在互动中指导幼儿学习观察画面。

3—4岁幼儿观察画面，仅能注意主要的、鲜明的部分而忽视其他部分，观察时常常用手指帮忙，指着图片和物体进行观察。我们针对这个阶段幼儿的特点进行个别指导时，运用边指点画面边读故事的方式进行，同时鼓励幼儿听教师朗读或录音自己指点画面，有时用问题"这是什么？在干什么？"帮助幼儿更仔细地观察画面，用动词、名词或简短的语句说出自己看到的事物。

3. 视听结合，鼓励幼儿尝试自己阅读。

我们要关注不同的区域，不能始终在语言区中指导，而3—4岁幼儿在阅读图书、语言交流时又特别需要有对象回应，有情境诱发。于是，我们发挥视频、录音、指偶等操作材料的作用，在幼儿需要时通过观看相应的视频动画，配合倾听录音故事，帮助幼儿不断感知故事，并让幼儿操作指偶、桌面

材料以及与同伴一起说说儿歌和故事。当幼儿逐渐熟悉故事了，我们再慢慢抽身出来，这时我们发现幼儿不再一味等待了，他们有了更多自主学习的空间和机会。

4. 指导幼儿表演故事，在游戏中大胆说话。

我们在语言区开展故事表演游戏，让幼儿在玩故事中进一步感知故事，以及大胆说话。我们运用录音的方式进行指导，开始时，幼儿只能听着录音跟着演情节，没有说角色的语言、做角色的动作的意识。逐渐地，幼儿能跟着一起说角色的语言、做动作，直到能自己说出对话语言，加入自己想出的、有趣的动作，此时，我们再去掉录音，鼓励幼儿自己表演故事。录音的运用，一方面让我们不需要时刻带着幼儿玩，另一方面在幼儿自己的表演中发挥了支撑的作用。

幼儿表演故事《请进来》，能大声说角色的对话，表演有趣的动作，表演完都舍不得离开

图3—11

温馨提示

1. 要指导幼儿自己选择活动。

我们要给幼儿自己选择玩什么，决定看什么、说什么的机会，不要过多干预幼儿的选择和活动过程。而3—4岁幼儿自主选择的能力还有待提高，有些幼儿不会自己选择，这就需要我们鼓励甚至指导他们学习如何做出选择。

2. 注重培养幼儿爱护图书的意识。

3—4岁幼儿动作协调性欠佳，自控能力较弱，惜物的意识有待进一步建立，这种种原因都会造成图书的损坏。我们应当重视这一现象，将它转化为帮助幼儿形成惜物意识的契机。3—4岁幼儿的思维具有泛灵的特点，我们引导幼儿和图书做朋友，倾听图书的心声，让幼儿观看教师修补破损的图书，带领幼儿共同整理书橱里的图书，逐渐帮助幼儿和图书建立情感，从而帮助他们形成爱惜图书的意识。

六、案例分析

涵涵阅读记事

（一）

教师和几个幼儿在阅读区看书，涵涵看见了，也走进来，像往常那样，直接拿起自己带来的《小婴孩概念书》看了起来。他随手翻到一页，大声说："小火车。"

教师问："哪个是小火车？指一指吧！"

他指着图笑嘻嘻地又说了一遍，并且还指着火车上运的煤，说："煤炭。"

教师又问："小火车怎么叫？"

涵涵就学着火车声音"呜——呜——呜——"地叫了起来。

接着，他又翻到其他页，大声地讲自己知道的东西。

（二）

涵涵经常倒着拿书看，今天教师故意把书倒过来给涵涵看，他就倒着看。

教师问："书怎么了？"他看看书，不说话。

教师问："小熊的头怎么了？"涵涵仍不说话。

教师又问："小熊的头是不是倒过来了，怎么会这样呢？"涵涵无语。

教师问："怎么才能把它正过来呢？"涵涵伸出手在小熊图上转了一下，似乎是想用手转过来。

教师就慢慢转动书，让他看看教师做了什么动作，小熊就正过来了，接着教师也让涵涵转动书来发现这一现象。但体验过把书倒过来之后，再给涵涵倒的书，他仍不知道正过来看。

（三）

这次，涵涵主动走进语言区里阅读。他拿起经常看的《天线宝宝》看了起来，我发现他没有拿倒。等涵涵看完，我故意把书倒着还给他，他看了看，把书转正过来。

没看过的书，他能正着看吗？于是我就和他一起找了一本没看过的、封面较复杂的书，他不看封面倒着看了起来。

（四）

今天，我和涵涵一起看图书《小房子和小小房子》。

看到"大象进不了房子"一页时，教师和涵涵聊了起来。

教师问："从哪里看出来大象进不去？"

涵涵（指图）说："从这里。"

教师问："哪里进去了？"

涵涵说："嘴巴。"

教师问："哪里没进去？"

涵涵说："腰。"（在教师不断地提问下，涵涵又说出脖子、屁股、腿、耳朵没进去。）

教师问："大象怎么会进不去呢？"

涵涵说："太大了。"

教师问："谁太大了？"

涵涵说："大象太大了。"

……

教师反思

1. 温馨的环境、熟悉的材料、同伴的行为是激发低龄幼儿兴趣的良方。

3—4岁幼儿选择区域时容易受到环境氛围、材料熟悉度、同伴行为的影响。在本案例中，涵涵很少进入语言区活动，当我们请他们从家里带书来后，涵涵有时会在语言区周围徘徊，逐渐被温馨的语言区环境以及其他幼儿的阅读行为吸引着，走进了语言区。

2. 关注个体幼儿的困难，在需要时指导、帮助低龄幼儿是必不可少的。

3—4岁幼儿正处于初步接触阅读，萌发兴趣，初步形成阅读习惯、表达意识的时期。在本案例中，涵涵存在倒拿书的问题，说不出"小熊倒了"，有可能是还不能注意到画面的细节，也有可能已经发现，但不能用语言表达出来。在教师的引导下，涵涵发现书拿倒了，但不能把倒的书正过来看，这可能受他心理旋转能力的限制。这在一定程度上影响了他阅读能力的发展，观察画面中的主要事物比较困难。教师通过问题逐步引导他仔细观察画面，让他发现画面倒了，再引导其观察同伴的阅读行为，然后通过观察教师的旋转动作与画面转动的关系，发现使书放正的方法，并在阅读、结构、数学等活动中，积累用动作使物体旋转的经验。逐渐地，涵涵能分清画面的正倒，注意倾听教师的问题观察画面，并逐步理解画面的意思。由此可以看出，教师的指导、帮助对其观察能力的发展起到了一定的推进作用。

3. 区域活动可以让家长共同参与，这可成为家园教育方法协调一致的有效途径。

阅读有困难的幼儿特别需要一对一的指导，我们向涵涵妈妈了解了涵涵在家阅读的情况，从而能较准确、细致地分析他拿倒书的原因，找到相应的措施。区域活动的时候，我们让家长一起参与进来，看我们对涵涵进行个别阅读指导，提供阅读记录卡引导家长在家里进行指导。涵涵家长对阅读有了正确的认识，关注到涵涵的问题，掌握了相关的指导策略，积极参与到涵涵的阅读中，保证了家园教育的连贯性和一致性，使涵涵获得最有针对性、最为细致温暖的帮助。

第二节　语言区活动实例

活动一　我喜欢的图书

【核心经验】

自由选择、翻阅图画书，学习按标记一一对应地摆放图书。

【相关经验】

数学领域：感知——对应。

社会领域：愿意与同伴分享图书，知道看完书要放回原处。

【活动准备】

1. 在家长的帮助下幼儿准备自己喜欢的图书，带到班上。

2. 在图书的右上角贴常见的形状标记，将图书封面朝向幼儿，整齐地陈列于书橱（透明书袋）中，便于小班幼儿辨识形状和观察封面。

3. 在书橱（书袋）中，每本图书对应位置的明显处贴上与这本图书一样的标记。（见图3-12）

图3-12

【玩法说明】

幼儿进入语言区后，选择自己喜欢的图书，从书架（书袋）中取出来阅读，看完后，在书架（书袋）上找到和图书上一样的标记，还回原处。（见图3-13）

【活动指导】

1. 集中介绍。

（1）教师鼓励幼儿大声介绍自己带来的图书名字，帮助幼儿了解班上的新图书。

（2）教师引导幼儿观察、发现图书和书架上有一样的标记朋友。

2. 观察指导要点。

图3-13

（1）教师鼓励幼儿观察封面，选择自己喜欢的图书阅读，观察幼儿选择图书的情况，了解幼儿对各类图书的兴趣。

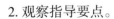

（2）教师适时地参与幼儿的阅读，帮助幼儿了解图书的名字，鼓励幼儿说说自己从书中看到了什么。

（3）教师观察幼儿摆放图书时是否注意寻找标记朋友，如果幼儿遗忘或有困难，教师可用问题提示或引导观察，如"找找标记朋友，图书的家在哪儿？""要找什么样的标记朋友，找找它在哪里？"幼儿按标记放好图书后，教师给予拥抱或表扬。

活动二　我会看书

【核心经验】

了解进区阅读的规则，学习逐页翻阅图画书，知道不撕书、不乱扔书。

【相关经验】

社会领域：理解并学习遵守语言区的规则。

【活动准备】

1. 根据幼儿在语言区的活动情况制定活动规则，并用简洁的画面表现，张贴于语言区环境中。（见图3-14）

2. 确定在语言区活动的合适人数，并在入口处的地面上贴相应数量的脚印（有条件的可购买鞋柜让幼儿摆放鞋子）。

图3-14

【玩法说明】

幼儿在语言区入口处脱鞋，对应脚印正确摆放鞋子，然后进入语言区选择自己喜欢的活动和地点进行活动，如看书、听故事等。

【活动指导】

1. 集中介绍。

教师充满热情地带领幼儿参观语言区，引导幼儿观察语言区的环境，用问题、儿歌等方式帮助幼儿理解环境中脚印、规则提示画面的意思，如"小脚印，小鞋子，两个朋友靠一起"。又如"捏书角，轻轻翻；要交换，先说请，轻声说话细细看；找到朋友（标记）送回家"。

2. 观察指导要点。

教师观察幼儿进入语言区和在区域里自选活动的情况，针对不同的情况进行个别指导。

（1）如果幼儿能按照规则摆放鞋子、拿取图书等材料，并专注地阅读或交流，尽量不打扰其活动。

（2）如果幼儿遗忘了规则，教师引导幼儿看墙上规则提示画面，并运用游戏化的问题或语句提示幼儿，如"小鞋子应该和谁靠一起？""图书说有点吵哦，请轻轻说！""想要交换图书，怎么说呢？"

（3）针对活动中缺乏良好习惯的幼儿，教师多陪伴其阅读，用自己的行为做榜样。如选择一本书，和幼儿坐下来逐页阅读并轻声交流；翻书的时候带领幼儿捏书角，感受轻轻的感觉等；换书时请幼儿先找标记，再按标记把看完的书放回书架上。

活动三　《请进来》（一）

【核心经验】

知道书名，进一步学习从前往后逐页翻阅图书，清晰、准确地指认画面上的主角，说出自己看到的内容。

【相关经验】

科学领域：了解常见动物的叫声等明显特征。

【活动准备】

图书《请进来》，数量与进区人数相等。

【玩法说明】

幼儿进入语言区，自由选择《请进来》或其他图书进行阅读。从封面开始，读出书名，逐页地指点画面中的人物、物品、动作等，尝试用"我看到……""这是……""它在……"等句式说话。

图3-15

【活动指导】

1. 集中介绍。

教师讲述书中的故事，注意将书的内页面对幼儿，用声音、语气、表情等表现角色特点及故事情节。

2. 观察指导要点。

（1）教师观察幼儿选择并阅读图书《请进来》的情况，可以进入语言区和幼儿共同阅读。

（2）教师引导幼儿认读书名，逐页翻阅图书，说一说书中的小动物是什么，有什么显著特征，如"谁来了？""小鸡怎么叫？""松鼠的尾巴怎么样？""大灰狼怎么叫？"等。

（3）幼儿自己阅读，教师在一旁陪伴，提醒幼儿先读书名，然后往后一页页翻，观察、倾听幼儿的阅读和交流，结合内容提问，鼓励幼儿仔细阅读每页，并把图书看完。

【活动延伸】

教师可结合饭前等过渡环节朗读《请进来》等图书，进一步帮助幼儿了解故事内容，吸引幼儿在区域活动时选择该图书，在反复阅读中逐步学习角色对话，观察并说出画面中角色的动作。

1. 活动开始时的集中讲述非常必要，教师讲述时要声情并茂，不仅向幼儿介绍这本书，更要激发幼儿选择这本图书的兴趣。

2. 如果幼儿不选择这本图书，教师不要强求，可以通过自己进入语言区看书带动幼儿，如幼儿仍选择其他图书，说明他对那本书更有兴趣，一定要尊重他的选择。

3. 教师和幼儿共读同一本书时，可几人围坐，每人一本，边说边问边指一指，注意音量要不影响旁边阅读其他图书的幼儿。

活动四 《请进来》（二）

【核心经验】

在教师及录制的语音提示下，做出与图画书主角相应的动作与表情。

【相关经验】

社会领域：感受与同伴共同游戏的快乐。

【活动准备】

1. 图书《请进来》若干本，幼儿已反复阅读，熟悉并能说出故事中的角色对话。

2. 用大纸箱制作门和草丛，营造小羊家门外的场景氛围，提供小羊、羊妈妈、小鸡、松鼠、狼的胸牌，数量与幼儿进区人数相等。（见图3-16、图3-17）

图3-16　　　　　　　　　　　　　　图3-17

3. 录制语音提示，清楚地提示幼儿挂牌、准备、角色语言以及结束要求，注意空出让幼儿选择挂牌和做准备的时间。

【玩法说明】

教师和幼儿共同布置小羊家的场景，播放录音，幼儿在语音提示下选择角色胸牌挂好，在指定地点等待开始，小羊和羊妈妈在家里，其他动物在屋外。幼儿跟随录音表演故事，分角色说对话，并做相应的动作。表演结束后，交换角色胸牌或选择其他区域活动。待幼儿熟悉故事后，可不放录音，幼儿自己表演故事。（见图3-18）

图3-18

【活动指导】

1. 集中介绍。

（1）教师用语言介绍有关图书《请进来》的新材料以及摆放的位置和方法。

（2）教师请若干幼儿示范听录音表演故事，强调按照录音提示做准备以及表演故事。

2. 观察指导要点。

（1）教师观察幼儿进区活动的情况，根据幼儿的兴趣和需要适当指导幼儿活动。

● 如果幼儿希望继续阅读，教师可以鼓励幼儿在阅读时模仿角色说一说对话。

● 如果幼儿模仿动作和理解游戏规则有困难，教师可以和幼儿共同玩故事表演游戏，教师可用夸张的语气、动作带动幼儿。如教师扮成小羊，幼儿扮成小动物，教师引导幼儿边说对话边做动作，并让幼儿理解一个人说话时，其他人要认真听、不说话的游戏规则。

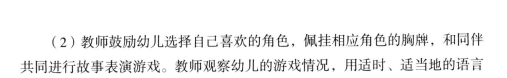

（2）教师鼓励幼儿选择自己喜欢的角色，佩挂相应角色的胸牌，和同伴共同进行故事表演游戏。教师观察幼儿的游戏情况，用适时、适当地的语言提示或鼓励幼儿。

3. 分享交流。

（1）待幼儿表演一段时间后，教师可让幼儿示范表演故事，引导幼儿观察、模仿、学习角色的动作、神态、表情等。

（2）教师通过语言提示或同伴示范，进一步帮助幼儿理解选择、交换角色的规则。

1. 将语言区隔出一块地方作为表演故事的区域，这块区域不能影响读书的幼儿。

2. 录音材料中，应提示幼儿在开始时选择胸牌、站好位置，结束后交换胸牌（角色），并空出让幼儿准备的时间。

3. 提醒幼儿交换胸牌时要先用语言询问谁愿意跟自己换，表演中途不能离开，表演结束后可以选择其他区域活动。当参加表演的人员不够时，教师鼓励其他幼儿加入，或自己加入。

活动五　《我妈妈》《我爸爸》

【核心经验】

喜欢倾听录音故事，能边听故事边跟随翻阅图画书。

【相关经验】

社会领域：感受自己和爸爸妈妈相互关爱的情感；愿意和同伴一起听故事，不干扰同伴。

【活动准备】

1. 投放《我爸爸》《我妈妈》《我爱爸爸》《我爱妈妈》《我和爸爸》《我和妈妈》等图书。每本图书的数量和进区限制的幼儿数量相等，便于参

与语言区活动的幼儿同时阅读。

2. 与图书相匹配的故事录音，故事中需要翻页时可用轻轻敲击一下碰铃的方法提醒幼儿翻页。

3. 播放器，有条件可用iPad，制作与图书封面相应的图标，幼儿能自己选择想看的图书，点击图标听故事。

【玩法说明】

幼儿选择自己想阅读的图书，在教师的帮助下用播放器播放故事，或在iPad中点击相应图书的音频文件，然后边倾听边阅读图书。（见图3-19）

图3-19

【活动指导】

1. 集中介绍。

教师以游戏化的口吻介绍播放器（或iPad）并演示操作方法，引导幼儿讨论后帮助他们明确轻拿轻放的要求。如"这是一个有魔力的故事盒，能放出好听的故事，怎么让它放出自己想听的故事呢？""故事盒喜欢小朋友轻轻地和它玩"。

2. 观察指导要点。

（1）教师观察幼儿的活动情况，提示幼儿先选图书再轻轻操作播放器，鼓励幼儿不会操作时主动请教师帮助。

（2）教师观察幼儿倾听故事的情况，如果幼儿希望自己阅读，可引导幼儿选择稍远的地方，按照自己的速度翻阅图书；如果幼儿选择边倾听边阅读，可提醒幼儿跟随录音故事的速度翻到相应的画面，轻声提示个别不能同步的幼儿注意听小铃声翻页。

（3）教师鼓励幼儿选择不同的、与爸爸妈妈有关的图书进行阅读，通过观察阅读情况以及阅读后的询问交流，了解幼儿对图书中人物和画面的兴趣，并积极回应幼儿的自由表达。阅读过程中，教师可适当提出"他是什么样的？在干什么？"等问题，引导幼儿关注人物的动作等夸张有趣的地方，但不要干扰幼儿的倾听和阅读。

3.分享交流。

教师引导幼儿共同商量使用播放器的办法，如一起听、轮流听、轮流操作等，并让幼儿知道同伴听的时候不能打扰他。

【活动延伸】

教师利用活动后或其他过渡环节，在集体中朗读图书故事，围绕某幅画面内容，引导幼儿观察交流，或是引出幼儿熟悉的家庭生活中的简单话题，以及规则方面的共性问题，互相交流，激发幼儿反复阅读的兴趣。

　　用播放器还是用iPad，教师可根据本园的条件、幼儿的操作经验进行选择。iPad中只有故事录音，幼儿可边听录音边自己翻阅图书。教师还可提供一些专供幼儿使用的耳机，避免相互干扰。

活动六　有趣的故事笔

【核心经验】

在教师的帮助下，尝试自己点读图书，倾听故事，模仿说简单的语句，感知不同形式阅读的乐趣。

【相关经验】

科学领域：学习操作点读笔的方法。

社会领域：愿意与同伴轮流操作。

【活动准备】

1.投放适合3—4岁幼儿倾听的点读笔和故事书，在按键旁边贴标记，以

提示幼儿按的位置。（见图3-20）

2. 将书置于开放的架子上，便于幼儿拿取和收放，有条件的话可开辟单独的小区域，以免声音干扰其他阅读的幼儿。（见图3-21）

图3-20

图3-21

【玩法说明】

幼儿选择点读故事书，并在教师的指导下，先按住开始，再用笔尖点封面，然后在每页自由点击画面或文字，每本书一人操作，听完放回原处。

【活动指导】

1. 集中介绍。

教师以游戏化的口吻介绍点读笔，并演示操作方法，明确轻轻点按的要求。

2. 观察指导要点。

（1）教师观察幼儿的操作情况，提示幼儿先找到图书，再观察故事笔上的标记，轻轻操作故事笔。如果幼儿操作困难，教师给予适当的帮助。

（2）教师观察幼儿倾听故事的情况，鼓励幼儿自己在画面或文字上轻点，倾听故事内容或人物对话。

（3）待幼儿反复操作后，教师用问题引导幼儿注意倾听，说说听到了什么，或模仿重复出现的简单语句。

【活动延伸】

当幼儿熟悉故事后，教师鼓励幼儿自己看着书讲故事，教师用点读笔录音，在集体中播放，以激发幼儿说故事的兴趣。

活动七 还有谁要上车

【核心经验】

边操作桌面材料边说儿歌，能选择自己喜欢的角色，并乐意模仿儿歌中有关坐车的语句。

【相关经验】

社会领域：关注周围生活，积累有关乘车的经验；愿意与同伴共享材料。

【活动准备】

1. 幼儿已学会儿歌《还有谁要上车》。

2. 桌面立体操作材料，包括人物角色：小朋友（司机）、兔子、布鹅、小猪、小羊、小狗；场景：用盒子制作汽车内部，有几排座位和刷卡机。（见图3-22、图3-23）

图3-22

图3-23

3. 播放器，存有儿歌的U盘。

【玩法说明】

幼儿将动物操作材料按儿歌顺序排列在"汽车"（故事盒）旁边，教师播放儿歌录音，引导幼儿一边玩坐车的游戏，一边跟随录音说说儿歌里的语句，也可以让幼儿选择自己喜欢的动物角色，然后念儿歌操作，或和同伴一起念，或自己说说所操作的人物角色的语句，玩后材料放回盒中。（见图3-24）

【活动指导】

1. 集中介绍。

教师出示桌面操作材料，引导幼儿观察、了解各种材料，演示听录音、玩游戏、念儿歌，讲解材料放置的位置和收放的方法。

2. 观察指导要点。

（1）教师观察幼儿选择材料的情况，通过询问，鼓励幼儿自己选择新材料玩游戏。

（2）教师播放录音，观察幼儿操作材料的情况，提示幼儿按上车的顺序给动物们排好队再上车。

（3）教师注意倾听幼儿玩游戏时能否跟说儿歌，如果幼儿一直操作不开口，教师可用问题引导他们说说，如"谁要上车？怎么说的？"或带着幼儿一起说儿歌。

（4）教师也可鼓励幼儿和同伴一起玩"坐车"游戏念儿歌，允许幼儿选择自己喜欢的动物角色操作，说说相应的语句。

3. 分享交流。

幼儿表演操作材料念儿歌，激发幼儿进一步活动的兴趣。

【活动延伸】

1. 待幼儿熟悉儿歌后，教师可以增加幼儿熟悉的其他动物角色操作材料，如小猫、小鸡等，鼓励幼儿尝试用替换的方式说儿歌中的重复语句。

2. 教师可以此形式提供不同内容的桌面立体操作材料，如《三只小猪上幼儿园》《小兔乖乖》等，为幼儿创造在区域中自由说儿歌和故事的机会。（见图3-25）

图3-24　　　　　　　　　　　　　　图3-25

活动八　小蛇打针

【核心经验】

通过操作iPad阅读或欣赏图画书故事，感受不同方式阅读的乐趣。

【相关经验】

科学领域：体验操作电子产品的方式和过程。

社会领域：愿意与同伴共享。

【活动准备】

1. 投放《小蛇打针》等系列图书，图书数量和进区幼儿数量相等，便于参与语言区活动的幼儿同时阅读。

2. 与图书相匹配的动画故事，根据本园条件，储存于电脑或iPad中，制作简洁的点击图标。

【玩法说明】

幼儿在电脑或iPad中点击图书的图标，播放观看动画故事，幼儿还可以在观看动画的基础上选择相应的图书，自己翻阅图书。（见图3-26）

【活动指导】

1. 集中介绍。

教师以游戏化的口吻介绍iPad（或电脑）并演示操作的方法，与幼儿讨论

后帮助他们明确，每次只看一个故事、轻轻点击iPad屏幕或鼠标的要求。

2.观察指导要点。

（1）教师观察幼儿活动情况，提示幼儿点击图标，播放动画，鼓励幼儿不会操作时主动请教师帮助。

（2）教师观察幼儿观看的情况，尽量不干扰幼儿的观看，看完后可以通过提问

图3-26

让幼儿说说看到了什么，小蛇最后打上针了没有。

（3）教师还可以鼓励幼儿自己寻找《小蛇打针》的图书，再看一看、说一说。

（4）教师提醒幼儿看完一个故事后选择其他的活动，让眼睛休息一下。

【活动延伸】

教师根据幼儿的兴趣和需要提供不同的动画故事，让幼儿选择自己喜欢的观看，待反复观看、熟悉后，鼓励幼儿模仿人物的对话语言和语音语调，进行大胆表达。

活动九　拔萝卜

【核心经验】

能边玩指偶边说出故事中角色的语言，并尝试说故事。

【相关经验】

健康领域：发展小肌肉的灵活性和协调性。

社会领域：知道遇到困难的事情要互相帮助。

【活动准备】

1. 教师在集体活动中操作指偶，讲述故事《拔萝卜》，帮助幼儿了解并熟悉故事内容。

2. 故事中角色的指偶：老公公、老婆婆、小姑娘、小狗、小猫、小老鼠，装在筐中，置于语言区的明显处，有条件的可以准备2—3套。（见图3-27）

图3-27

3. 故事录音和播放器。

【玩法说明】

幼儿与同伴一起玩游戏，可以各自选择喜欢的指偶戴在拇指或食指上，听录音故事出现相应的角色，跟随录音说对话语言，还可以不播放录音，边操作指偶边自己说对话语言。

【活动指导】

观察指导要点。

（1）教师观察幼儿选择新材料的情况，如果幼儿产生好奇，鼓励幼儿选择喜欢的指偶戴上，然后说一说故事中的对话语言。

（2）教师观察幼儿边操作边说对话的情况，进行适时有针对性地指导和帮助，根据幼儿需要可用录音故事带动，或提示幼儿按照顺序轮流出示指偶，说说相应的对话。

（3）教师鼓励会说故事的幼儿尝试边操作指偶边说故事。

【活动延伸】

教师提供角色的胸牌，让幼儿和同伴一起分角色玩表演游戏"拔萝卜"，通过玩游戏，鼓励幼儿大胆说对话语言。

【故事】

拔 萝 卜

〔俄〕阿·托尔斯泰/文

老公公种了个萝卜，他对萝卜说："长吧，长吧，萝卜啊，长得甜呐！长吧，长吧，萝卜啊，长得大啊！"萝卜越长越大，大得不得了。

老公公就去拔萝卜。他拉住萝卜的叶子，"嗨哟，嗨哟"，拔呀拔，拔不动。老公公喊："老婆婆，老婆婆，快来帮忙拔萝卜！""唉！来了，来了。"

老婆婆拉着老公公，老公公拉着萝卜的叶子，一起拔萝卜。"嗨哟，嗨哟"，拔呀拔，还是拔不动。老婆婆喊："小姑娘，小姑娘，快来帮忙拔萝卜！""唉！来了，来了。"

小姑娘拉着老婆婆，老婆婆拉着老公公，老公公拉着萝卜的叶子，一起拔萝卜。"嗨哟，嗨哟"，拔呀拔，还是拔不动。小姑娘喊："小狗儿，小狗儿，快来帮忙拔萝卜！""汪汪汪！来了，来了。"

小狗儿拉着小姑娘，小姑娘拉着老婆婆，老婆婆拉着老公公，老公公拉着萝卜的叶子，一起拔萝卜。"嗨哟，嗨哟"，拔呀拔，还是拔不动。小狗儿喊："小花猫，小花猫，快来帮忙拔萝卜！""喵喵喵！来了，来了。"

小花猫拉着小狗儿，小狗儿拉着小姑娘，小姑娘拉着老婆婆，老婆婆拉着老公公，老公公拉着萝卜的叶子，一起拔萝卜。"嗨哟，嗨哟"，拔呀拔，还是拔不动。小花猫喊："小耗子，小耗子，快来帮忙拔萝卜！""吱吱吱！来了，来了。"

小耗子拉着小花猫，小花猫拉着小狗儿，小狗儿拉着小姑娘，小姑娘拉着老婆婆，老婆婆拉着老公公，老公公拉着萝卜的叶子，一起拔萝卜。"嗨哟，嗨哟"，拔呀拔，大萝卜有点动了，再用力地拔呀拔，大萝卜拔出来啦！他们高高兴兴地把大萝卜抬回家去了。

活动十　和爸爸妈妈一起读书

【核心经验】

能大方地与人打招呼，倾听不同家长的阅读，感受多样的声音和表达方式。

【相关经验】

社会领域：学习接纳不熟悉的人，和成人自然交往。

【活动准备】

1. 通过合适的沟通渠道，向家长宣传和幼儿到园一起读书的价值并介绍活动内容，运用幼儿邀请、填报名表等方式激励家长参与，帮助家长明确活动的时间和要求。

2. 协助家长做好准备工作，如选择合适的图书，或相应的操作材料等。

【玩法说明】

家长按照自己报名参与活动的时间到班级语言区内和幼儿共同阅读图书、讲故事、玩语言游戏，为不干扰幼儿的活动，每次活动以一位家长为宜。

【活动指导】

1. 集体介绍。

教师引导幼儿和家长相互认识，热情地打招呼。

2. 观察指导要点。

（1）教师观察幼儿和家长共同阅读的情况。

（2）教师适时提示家长关注周围共同阅读的幼儿，注意座位、音量要适宜。

（3）如果幼儿在大胆交往或注意倾听方面有困难，教师适时地轻声提示或帮助，鼓励幼儿自己说出请求或想法，注意倾听家长的讲述。

第四章
科学区

第一节　科学区的建构与指导

一、科学区的价值

在《指南》中明确指出"幼儿科学学习的核心是激发探究兴趣，体验探究过程，发展初步的探究能力"。对于幼儿来说，他们的科学学习绝不是记科学、听科学，而是实实在在地做科学，像科学家一样亲历探究的每一个过程，在做的过程中发现问题、解决问题，从而能获得属于自己的经验。作为教师，应为幼儿提供一个可供探究的环境和材料，支持、鼓励、引导幼儿进行探究。

科学区作为科学教育的一种组织方式，它的组织方式更加开放和自由，幼儿可以根据自己的兴趣、能力，自主地选择活动内容，自主地安排探究的方式和速度，更大限度地满足了幼儿不同的需要。

1.科学区满足了幼儿不同的探究兴趣。

幼儿的天性就是爱探究，他们喜欢看、喜欢摸、更喜欢动手去操作，而每位幼儿的探究兴趣又是不同的。科学区恰恰为幼儿提供了这样一个探究的场所，丰富的材料为幼儿提供了自由探究的空间，幼儿在与不同材料的互动过程中，自然地发现现象，产生问题，从而不断产生进一步探究的欲望。科学区里的探究材料所蕴含的科学现象是多样的、丰富的，在这里，幼儿可以找到自己想要的答案，满足不同的探究兴趣。

2. 科学区关注了幼儿个体探究的需要。

在集体活动中，教师会引导幼儿围绕一个问题、一个核心经验进行有目的的探究，这个问题和经验往往是教师事先预设好的。而在科学区中，教师往往将问题和核心经验隐藏在材料中，让幼儿在操作的过程中，将问题慢慢地呈现，教师更多的是站在幼儿的角度，让幼儿自发地探究、讨论和交流。教师在观察的基础上，了解幼儿探究的需要和发展水平，从而更有目的地提供有针对性的指导和帮助。

3. 科学区让幼儿真正地去"做"科学。

科学区这种形式就像一种慢生活的体验，将原本一节活动中就需要幼儿掌握的内容延长到一周、两周，甚至更长的时间中去，让幼儿有充分的时间去亲历和参与探究过程，幼儿在与材料的反复接触和操作中，不断获得新发现，产生新想法、新问题。在过程中，幼儿可以根据自己的需要和速率来安排探究活动，真正体现了让幼儿去"做"科学。

二、科学区的环境创设

根据科学活动操作和探究性的特点，3—4岁幼儿仍需要在相对较大、较独立的空间里进行充分的操作和探究。3—4岁幼儿年龄较小，在环境的创设上，我们仍然需要采用色彩鲜艳、形象生动有趣、幼儿熟悉的卡通人物来营造区域的氛围，运用直观形象的方式，帮助幼儿明确区域的名称及场地的划分，吸引幼儿来参与活动。

1. 创设操作墙面，营造区域氛围。

3—4岁幼儿仍以无意记忆为主，有目的地选择活动的意识还比较薄弱。教师可提供一些可以操作的材料，张贴或悬挂在墙面上，既美化区域环境，又吸引幼儿进区活动，幼儿会不由自主地被墙上有趣的材料吸引，主动去玩一玩，在自发的摆弄中发现科学现象。同时，由于材料固定陈列，省去了收放的时间，幼儿在零散短促的过渡环节也能便捷地进入操作，如吃完点心、吃完午饭后，先吃完的幼儿可以去玩一玩，这

这是活动"猴子爬树"，材料悬挂在墙面上，既营造了区域的氛围，又让幼儿能随时操作

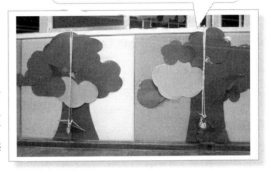

图4-1

样，既增加了幼儿活动的时间，满足了幼儿玩的需要，又减少了幼儿等待的时间，让幼儿有事可做。

2. 通过空间悬挂，扩大探究的场所。

3—4岁幼儿的科学活动一般以感受科学现象为主，教师在创设科学区环境时，可以把一些常见的科学现象融入环境中。如在区域的上空悬挂一些塑料水管，将水管相互缠绕成不同的造型，一方面营造区域的探究氛围，另一方面可以吸引幼儿随时拿着水管相互打电话，感受声音

幼儿在玩"打电话"游戏

图4-2

的传播，让环境成为幼儿可探究的内容之一。

温馨提示

1. 墙面材料形象要大，应考虑以幼儿大动作操作为主。

3—4岁幼儿精细动作发展有限，多以大动作操作为主，因而墙面上的操作材料、形象都应该比较大，一方面可以烘托区域的氛围，另一方面也符合幼儿的年龄特点，方便幼儿操作。如在"解救小动物"的操作活动中，教师将大纸盒设计成狮子张大嘴巴的形象，将小动物用牛皮筋悬挂在狮子的嘴里，幼儿只要用沙袋砸中小动物，小动

图4-3

物便会从狮子的嘴里弹出来（见图4-3）。幼儿在操作中自然会感受到牛皮筋具有弹性的特征。但如果教师设计的狮子形象较小，幼儿的操作就会出现困难，会影响幼儿操作的兴趣。

2. 区域标记要直观形象。

3—4岁幼儿的思维具有泛灵的特点，他们常常为动物赋予人的意识和情感，甚至觉得没有生命的物体也会说、会动、会想，可以对话。所以，教师可以选择卡通的形象，配上简单的科学活动材料，如打电话、玩放大镜、吹气球等，通过形象化的标记，帮助幼儿看懂区域的名称，明确区域的场地。

图4-4

三、科学区规则的建立

我们这样想

规则的建立不是割裂的，它有一定的延续性和生成性，前一年龄段的规则应是制定后一年龄段规则的基础。教师在建立规则时，一方面要延用2—3岁幼儿的已有规则，如进区人数的规则，仍然可用椅子和材料的数量来表示；另一方面，在规则的遵守上，教师可以开始逐渐退出引导和提醒，让幼儿自己发现和运用制定好的规则，当幼儿发生争执且不能解决时，教师再进行干预，让幼儿有更多的自主空间。

我们这样做

1. 利用不同颜色的形状标记，建立材料对应收放整齐的规则。

在材料的收放规则上，我们沿用了2—3岁阶段一一对应摆放材料的规则。所不同的是，我们将实物照片替换成颜色不同的形状标记，将每份材料独立地摆放在一个筐中，并在筐边贴上不同颜色的形状标记。幼儿在收放材料时，只需根据筐上的标记，用一一对应的方式将材料放回橱柜中贴有相同标记的位置即可。此阶段，标记逐渐从具体形象的实物照片，过渡到抽象的不同颜色的形状标记。

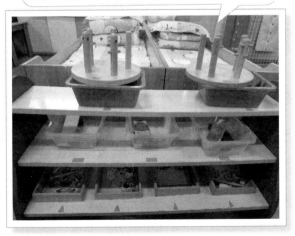

我们在区域柜的每一层都贴上不同的形状标记，一层一种形状，便于幼儿对应摆放

图4-5

2. 利用地面标记，建立按场地活动的规则。

3—4岁幼儿探究活动的内容开始逐渐增多，活动的范围也扩大了，有的在桌上，有的在墙上，还有的在地上。在有限的空间里，如果幼儿同时选择不同的场地活动，有时难免会出现相互影响的现象，我们根据活动内容贴上相应标记，提示幼儿按场地活动。如幼儿在玩开汽车的游戏时，规则是在地面的"马路"上开，但有时幼儿会无意识地将汽车开到墙面上，影响墙面的活动。所以，我们在地面上贴上相应的线条作为车道标记，帮助幼儿明确汽车只能在马路上开的规则，从而减少幼儿活动时的相互影响。

温馨提示

注幼儿是否将材料收放整齐。

幼儿在收放材料时，有的幼儿会出现材料是按标记摆放了，但摆放得不整齐的现象，教师要对这类幼儿进行指导。幼儿出现摆放问题，一方面是受幼儿小手肌肉控制力发展水平的影响，不易做到一次就摆放整齐；另一方面是由于幼儿还没有形成整齐摆放的意识。所以，教师在幼儿收放材料时要注意观察，及时指导，并提供摆放整齐的标准，让幼儿进行练习，从细节处培养幼儿良好的收放习惯。

四、科学区的材料与内容

我们这样想

3—4岁幼儿的思维具有直觉行动性的特征，他们特别喜欢摆弄和操作物体。同时，此阶段的幼儿有目的地选择活动的意识并不强，他们往往会先被材料本身的颜色、形象所吸引，进而产生玩的愿望。所以，在材料和内容的选择上，首先要考虑到材料的情境性和趣味性，然后在幼儿的操作中，用有趣的现象进一步吸引幼儿，激发幼儿不断探究的兴趣，让幼儿在玩的过程中不断积累和丰富科学经验。

我们这样做

1. 提供现象有趣、操作简单的材料。

3—4岁幼儿的观察力还处在萌芽阶段，他们只能关注到表面的现象。同时，因为幼儿的手部精细动作发展还不完善，所以，提供的材料在操作方法上要简单、单一，让幼儿在重复的动作中，逐渐发现自己的动作和所产生的现象之间的关系。如在"开花啦"活动中，教师用卷纸芯和伞套做成一朵花的造型，幼儿对着纸芯吹气，伞套就会像花一样，从纸芯里盛开出来。开花的神奇现象为幼儿带来了强烈的惊喜，激发了幼儿反复玩的兴趣，而幼儿也在反复操作的过程中，逐渐发现了自己吹气和伞套开花之间的关系。

在活动"开花啦"中，幼儿一吹，"花朵"便从纸筒里开出来，操作简单，现象明显、有趣，受到大家的喜爱

图4-6 图4-7

2. 提供让幼儿运用不同感官进行探究的材料。

《指南》提出要让"3—4岁幼儿能用多种感官去探索物体"。对于幼儿来讲，正确运用感官的方法是需要学习的。所以，我们在材料和内容的选择上，就要选择运用不同感官进行探究的活动。如在"闻一闻"活动中，我们提供气味瓶，让幼儿在闻的过程中，知道气味是用鼻子闻的（见图4-8）；在"摸一摸"活动中，我们提供摸袋或摸箱，幼儿根据标记摸出相应的形状并进行归类，让幼儿知道，物体是可以通过手的触摸来感知的……通过不同活动的经验积累，幼儿会慢慢意识到，可以用不同的感官去探究物体。

3. 提供生活中的自然物作为幼儿探究的材料。

3—4岁幼儿还处在经验积累的阶段，丰富的生活经验是幼儿开展探究的前提条件。在此阶段，我们仍然可以把幼儿生活中常见的自然物作为探究的材料，如石头、米、豆子、水等。虽然，有些材料幼儿在2—3岁时也玩过，但在不同的年龄段，不同的材料有不同的探究要求。如同样是探究豆子的活动，2—3岁的幼儿只满足于将豆子倒来倒去或从高的地方滑下

幼儿闻一闻气味瓶后，将气味瓶放回对应的"家中"

图4-8

来。而在3—4岁这个阶段，则有了更进一步的要求。教师提供白芸豆、红芸豆、黑豆等不同大小的豆子及不同洞眼大小的筛子，让幼儿筛豆子，在操作中，幼儿会逐渐发现筛子洞眼大小和豆子大小之间的关系，并将筛出来的豆子分类摆放，自然就发现了豆子形状、颜色、大小的不同，积累了有关豆子的经验。

筛豆子啦，看看哪种豆子漏得快

图4-9

4. 提供人手一个种植器皿，培养幼儿的观察兴趣。

自然角是科学区的一个内容，自然角里的动植物常常会引发幼儿自发的观察。而这时期的幼儿还处在以自我为中心的心理发展阶段，只关注属

于自己的物品。所以，教师应为每位幼儿准备一个种植器皿，种上相同的植物，并在种植器皿上贴上幼儿的标记。这一方面满足了幼儿以自我为中心的需要，帮助幼儿明确这是他的植物，清晰自己照料的对象；另一方面，幼儿也会在照料植物的过程中，借助标记，自然地了解到植物生长的情况，进一步丰富有关植物的经验。如每位幼儿在自己的小花盆中种上一个土豆。每天入园时，教师和家长通过让幼儿为土豆浇水，引导幼儿观察"土豆有没有长出头发""有没有长叶子"等，逐渐培养幼儿观察的兴趣和意识。

图4-10

每人一个花盆，花盆上贴上幼儿的标记，便于幼儿自己管理

❤ 温馨提示

1. 提供的材料要注意安全性。

3—4岁幼儿的安全意识还比较薄弱，而且，他们对材料具有天然的好奇心，喜欢尝一尝、摸一摸，有时甚至会把小的物品塞进鼻子里或耳朵里。所以，我们一方面要加强对幼儿的安全教育，帮助幼儿明确什么能做，什么不能做；另一方面，在材料的提供上，应避免小的物品，如黄豆、红豆、绿豆等。

2. 要让家长有引导幼儿观察自然角的意识。

3—4岁幼儿对动植物的观察是融入生活中的，如果家长在接送幼儿的时候能有意识地引导幼儿看一看自己种的植物，不仅能了解自己的孩子发现了什么、有什么想法，同时也增进了亲子关系。所以，教师可在种植活动开展前，向家长介绍这个活动的价值及需要家长配合的地方，通过家园合力，共同培养幼儿的观察兴趣，发展幼儿的观察能力。

五、科学区的教师指导

我们这样想

3—4岁幼儿仍然满足于操作动作，他们需要在教师的引导下才能关注到自己的动作和现象，教师可以以玩伴的身份参与到幼儿的探究中，了解、鼓励幼儿说出自己的发现，从而帮助幼儿不断积累和丰富科学经验。

我们这样做

1. 通过集体介绍，激发幼儿操作材料的兴趣。

3—4岁幼儿自己发现和探究新材料的意识还比较薄弱，所以，当区域中出现新的活动材料时，我们常常会采用集体介绍的方式，用游戏化的语言介绍活动的名称及操作方法，从而引发幼儿对材料的关注，产生操作的兴趣。如"开汽车"活动是让幼儿感知磁铁会吸铁的现象，教师先出示活动材料，通过表演让汽车开起来，用汽车开动的现象，激发幼儿试一试的兴趣。（见科学区活动六）

2. 通过观察模仿，指导幼儿学习探究的方法。

在区域活动中，我们除了用集体介绍的方式向幼儿介绍新活动外，也会根据3—4岁幼儿爱模仿这一特点，直接在区域中呈现材料，先让幼儿自己玩或者与教师一起玩，从而引起其他幼儿对新活动的关注和兴趣，鼓励他们通过模仿学习玩的方法，获得经验。等幼儿尝试过后，教师再根据玩的情况，组织幼儿进行交流。但一般来讲，这类活动的操作方法相对简单，材料本身就暗示了操作的方式。如"小飞机飞起来"活动中，教师将材料设计成旋转飞机的形象，幼儿自然就会用手去转一转飞机，在转的过程中会逐渐发现，只要用手一转飞机，塑料杯中的弹珠就会转动的现象。这种探究方法不需要通过集体讲解，通过同伴间的相互观察模仿就可习得。（见科学区活动九）

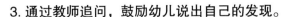

3. 通过教师追问，鼓励幼儿说出自己的发现。

3—4岁幼儿的思维大多由行动引起，他们往往满足于操作。所以，教师在让幼儿充分操作的基础上，可以用追问的方法，引导幼儿一步步关注动作和现象之间的关系。如在"猴子爬树"活动中，等幼儿玩了一段时间后，教师可以询问幼儿"你发现了什么？""你是怎么让猴子爬树的？"也可以引导两位幼儿一起比赛，如"比比看，谁的猴子爬得快？""为什么他的爬得快呀？""试一试，能不能让你的猴子也快快爬？"教师通过一系列的追问，帮助幼儿逐渐从满足操作动作，到开始关注现象。（见科学区活动四）

4. 通过示范讲解，教会幼儿正确使用感官。

学习用多种感官去认识事物是3—4岁幼儿一个重要的学习内容。此阶段幼儿在运用感官时，常常会受自己原有经验的影响，如在"摸一摸"活动中，教师问"摸袋里的东西可能是什么颜色呢？"幼儿会说"×颜色。"教师又问"你是怎么知道的呢？"幼儿会说"我是摸出来的。"此时，幼儿并不知道，颜色是要用眼睛看才能知道的。所以，教师要帮助幼儿建立不同感官有不同作用的经验，并在指导幼儿学习运用感官时，注意安全教育的渗透。如在学习用鼻子闻的过程中，教师应让幼儿学会用手扇一扇来闻气味的方法，减少气味对鼻子产生较大的刺激；在不清楚食物是什么的情况下，不能用尝的方法去尝试等。

💗 **温馨提示**

1. 关注游离在外的幼儿，通过询问和引导，帮助幼儿选择自己想要参加的活动。

在区域活动中，总会出现一些不知道要做什么的幼儿，他们往往游离在各种材料之间，不知道如何选择。教师要注意观察这部分幼儿，在他们出现游离状态时，及时给予指导，帮助他们选择一个活动，关注他们的活动情况；或用平行游戏的方式，支持他们的探究，对他们的探究行为进行讨论和回应，让他们感受到自己是被教师关注和接受的，从而培养他们对活动的兴趣，提高他们的专注度。

2. 重视幼儿的学习体验，而不是知识的获得。

对于3—4岁的幼儿来说，重要的是在操作材料中不断发现有趣的现象，获得属于自己的经验。每个幼儿的关注点都是不同的，他们的发现也是多样的。所以，在指导的过程中，教师不应强求让幼儿玩什么材料就要获得相应的科学知识，要从"关注知识"的指导转向"关注过程"的指导，鼓励和支持幼儿的探究行为，尽可能多地为幼儿创造自己发现的机会，重视幼儿的自我学习体验。

六、案例分析

绿颜色的能转！

晨间区域游戏时间，桐桐玩套娃玩具已经有一段时间了。只见他反复地将套娃一个个套在圆柱上，套好后再拿下，乐此不疲。

当桐桐再次准备重新玩时，我指着套娃的帽子问："这个帽子能不能放到柱子的最下面？"

桐桐拿起帽子看了看，把手指往帽子的洞眼里放了一下，摇摇头说："不能！"

"为什么？"我问。

"因为洞太小了，放不下去。"桐桐说。看来，桐桐的多次尝试，已经帮他积累了帽子洞眼太小就不能套在柱子最下面的经验。

过了一会儿，桐桐把所有的玩具都套在了柱子上，并无意识地用手轻轻地转起柱子，套娃转动了起来，桐桐很高兴，不停地转动着套娃。

"娃娃为什么会转圈呀？"我问。

"是我让它转的。"桐桐一边说一边做了一下转的动作。

"那你试试这个能不能转？"我递给他一个平底的套圈。桐桐试了试，没有转起来。

"它能不能转起来？"我问。

桐桐摇了摇头。

"真奇怪，为什么它转不起来呢？"我接着问道。

桐桐盯着我不说话。

"那你再试试这个。"我将套娃玩具中的帽子递给了他。

桐桐随手将帽子中平的一面放在桌上，用手转了转，也没有成功。几次的失败，让桐桐想离开，我赶紧让他坐下，并用神秘的语气说："换一面再试试看，也许会有好玩的事情发生哟！"

桐桐看了看我，慢慢地将帽子中圆的一面放在桌上，并试着转了一下，帽子转起来了。桐桐高兴地叫了起来："转起来啦！转起来啦！"

"喔！好奇怪！为什么这样就能转起来呢？"我追问道。

桐桐将帽子拿在手上，翻来覆去地摆弄着，一边看看帽子，一边看看柱子。最后，他像发现新大陆一样大声地叫道："我知道了！它们都是绿的！绿颜色的能转！"

教师反思

1. 多引导幼儿关注现象，少告知原理。

3—4岁幼儿年龄小，还不能理解现象背后的原理。所以，教师在指导幼儿时应用"你发现了什么？""它是什么样的？"等比较具体、直观的指导语，引导幼儿就现象来描述。在上述案例中，桐桐最后得出"绿颜色的能转"这一结论，虽然是错误的，但却是桐桐自己通过观察"帽子"和"圆柱"后，总结出来的两者之间共同的外在特征。所以，教师并没有马上否定桐桐的结论，告诉他真正的原理。因为此时，即使教师告诉桐桐套娃能转的真正原因，以桐桐目前的经验，也是不能理解的。因为，幼儿的认知经验是在自我建构中不断丰富的，幼儿只有在自己的"错误"中不断产生碰撞，才能形成自己的认知经验，教师的告之并不能马上转化为幼儿自身的经验，教师应尊重幼儿自己的发现。

2. 通过提问的方式来支持幼儿的探究行为。

3—4岁幼儿的注意力时间短，一般只能维持5—10分钟。所以，幼儿在进行探究活动时，往往会因为各种原因而中断探究行为。这时，如果教师适时地提问，可激发幼儿进一步探究的兴趣。上述案例中，当桐桐发现"帽子"也转不起来，就不想玩时，教师及时提出"换一面试试看，也许会有好玩的事情发生哟"这一问题后，引起了桐桐的好奇心，使桐桐继续进行自己的探究，从而获得更多的发现。由此可以看出，教师适时地提问是必要的，它支撑幼儿的探究行为。当然，教师的问题也要适宜，尽量建立在幼儿已有经验的基础上。过多过难的问题，会让幼儿不知所措，从而放弃自己的探究。

幼儿将套圈一个个按顺序套在柱子上，就组成了一个套娃的形象

图4-11

图4-12

第二节　科学区活动实例

活动一　闻一闻

【核心经验】

通过嗅觉，感知不同的气味。

【相关经验】

语言领域：用简单的语言表述闻到的气味。

【活动准备】

1.四个大小一样、透明的塑料瓶,瓶口戳上若干小洞。

2.每瓶中分别装少量气味明显的液体(如白酒、麻油、花露水、醋)。

3.制作白酒、麻油、花露水、醋的实物图片或标记图片,贴于瓶身。

4.将瓶子悬挂在科学区的墙壁上,高度以便于幼儿闻为宜。(见图4-13、图4 14)

图4-13

图4-14

【玩法说明】

幼儿凑近瓶口,用手在瓶口扇动,闻不同瓶子中的气味。

【活动指导】

1.观察指导要点。

(1)教师用语言邀请进入科学区的幼儿闻一闻瓶子,观察幼儿闻瓶子的位置,如"你闻到味道了吗?"如果幼儿没有凑近瓶口,没有闻到气味,教师可鼓励其观察同伴的动作,然后在瓶口闻一闻。教师还可演示在瓶口扇动的方法,鼓励幼儿模仿进行探索。

(2)当幼儿出现颠倒瓶身的情况时,教师可以用情境化的语言,如"瓶宝宝的头要朝上,不然它会流眼泪的"提示幼儿瓶口朝上,避免瓶中液体洒落。

(3)在幼儿闻气味瓶的初期,能关注四个瓶子的气味是不同的即可。教师应鼓励幼儿表述自己闻到的气味,当幼儿不会用自己的语言表述闻到的气味时，教师不要着急，可以请他听一听同伴的描述。

（4）在幼儿多次闻气味瓶的基础上，教师可鼓励其迁移生活经验，猜测瓶中的物品。

2.分享交流。

（1）待幼儿闻了一段时间后，教师让幼儿表达自己闻到的气味，猜测瓶中物品。教师介绍瓶中物品的名称，帮助幼儿在气味和物品名称之间建立联系。

（2）教师引导幼儿关注瓶身上的图片，明确图片表示的物品，为延伸活动做准备。

【活动延伸】

1.在幼儿熟悉四种物体的味道后，增加猜测、验证的游戏环节。

（1）教师将四个瓶子用小袋子套起，更换瓶子的位置。

（2）幼儿闻气味猜测是何种物体，然后选择一个贴有实物图片的夹子夹在绳子上，表示猜测的结果。（见图4-15）

（3）幼儿打开小袋子，观察瓶身上的图片和夹子上的图片是否对应（见图4-16），验证自己的猜测是否正确。

（4）幼儿整理材料，将夹子上的图片放入筐中，将瓶子用袋子套上。

图4-15

图4-16

2. 教师可增加或更换不同的气味瓶（如香水等），让幼儿感受更多物体的气味，知道不同的物品有不同的气味，愿意用嗅觉去感受事物。

小贴士

1．在指导的过程中，教师演示在瓶口扇动的方法，鼓励幼儿模仿并进行探索，不强求幼儿一定用这样的方法闻，但一定要传递给幼儿这样闻的方法。

2．教师先要检查物品气味的安全性，避免气味过于刺激或有害而损伤幼儿的嗅觉。

活动二　漏漏瓶

【核心经验】

感知漏漏瓶颠倒，物体在漏漏瓶中从上往下落的现象。

【相关经验】

语言领域：用拟声词表现物体下落时发出的声音。

【活动准备】

1. 两个口径相同的透明矿泉水瓶，用宽透明胶口对口连接。（见图4-17）

2. 瓶中装高度相同的生活中常见的物品（如小米、大米、黄豆、花生米等）。

3. 将漏漏瓶放置在科学区操作台明显处。

【玩法说明】

幼儿颠倒漏漏瓶，观察物体从上往下落的现象。（见图4-18）

图4-17

图4-18

【活动指导】

观察指导要点。

（1）幼儿自由摆弄漏瓶，教师观察幼儿是否会用自己的方式进行尝试。如幼儿会上下摇晃漏漏瓶，让其发出声音；幼儿会颠倒漏漏瓶，观察瓶中物体下落；幼儿会在桌上滚动漏漏瓶等。

（2）教师肯定幼儿的多种玩法，并用问题"把漏漏瓶倒过来，瓶中的米粒怎样了？"将玩法聚焦到颠倒玩漏漏瓶，引发幼儿关注物体从瓶中落下的现象。

（3）当漏漏瓶中的物体卡住时，教师观察幼儿是否能用拍打瓶身、轻轻敲击桌面等方法，让漏漏瓶中的物体继续下落。

（4）教师鼓励幼儿换不同的材料玩一玩。当幼儿玩过不同材料的漏漏瓶后，教师通过提问了解幼儿是否关注不同材料下落的不同现象。

（5）教师鼓励幼儿用拟声词表现自己听到的漏漏瓶中物体下落的声音。

【活动延伸】

1. 教师将一样多的两个不同材料的漏漏瓶用透明胶并排连在一起。幼儿操作并排的漏漏瓶，观察相同时间内两组不同材料漏下的不同现象。

2. 教师提供宽的松紧带环，供幼儿自选两种或几种不同材料的漏漏瓶，组合连接，观察组合漏漏瓶颠倒后的现象。

活动三 分豆子

【核心经验】

能用有不同大小洞眼的容器装不同的豆子，感知豆子有的会漏下，有的不会漏下的现象。

【相关经验】

健康领域：注意安全，知道不将豆子放入口、鼻、耳中。

【活动准备】

1. 大小不同的豆子（如芸豆、绿豆），混装在较深的整理箱中。（见图4-19）

2. 各种有孔的容器（如小筐、漏勺等），大小要适宜幼儿操作。（见图4-20）

3. 舀豆子的材料（铲子、勺子等）。

图4-19

图4-20

【活动指导】

1. 集中介绍。

（1）教师出示操作材料后问"芸豆和绿豆混在一起了，有什么办法把它们分开？"

（2）教师创设"豆宝宝的家在整理箱里"的情境，帮助幼儿明确在整理箱中操作的规则，避免豆子掉在外面。

2. 观察指导要点。

（1）活动初期，教师观察幼儿是否有使用工具的意识，如有的幼儿用手捡豆子，对豆子进行分类。教师可用问题引导其思考应如何使用提供的有孔容器。

（2）过程中，幼儿难免会不小心将豆子洒落在外面。教师要及时提醒其捡起豆子，放回箱中。

（3）待幼儿反复操作一段时间后，教师可以用问题"用漏勺挖豆豆，绿豆怎样了？"引导幼儿关注用有孔的容器装豆子时，会出现"漏豆子"的现象。

（4）当豆子漏不下去时，教师观察幼儿是否能用晃动、拍打小筐等方法，让豆子漏下去。

（5）教师用问题"什么样的豆豆从洞洞里跑掉了？什么样的豆豆留在了筐（勺）里？"引导幼儿关注豆子大小、孔的大小与漏掉的关系。

3. 分享交流。

（1）待全体幼儿都参与过活动后，教师请能够快速分豆子的幼儿介绍自己使用工具的经验。

（2）教师鼓励将掉出去的豆子及时捡起来的幼儿，进一步强调避免将豆子掉在外面。

图4-21

图4-22

【活动延伸】

教师鼓励幼儿用不同的有孔容器筛豆子，尝试将按种类将不同大小的豆子进行分类。

活动四 猴子爬树

【核心经验】

尝试用拉扯小棒的动作进行探索，关汴小猴一点一点往上爬的现象。

【相关经验】

健康领域：增强手眼协调能力。

【活动准备】

1. 大树背景、封塑的猴子图片、带孔的塑料夹子、长短便于幼儿双手抓握的小棒、长绳。（见图4-23）

2. 将双股绳子的一头固定在大树上，另一头穿过夹子上的小洞，系在小棒两端，进行组装。（见图4-24）

图4-23

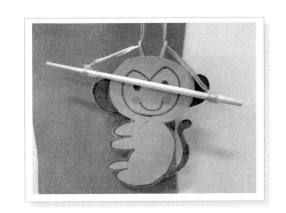

图4-24

【玩法说明】

幼儿手握小棒，前后拉扯，小猴就会沿绳子一点一点向上移动。（见图

4-25）

【活动指导】

1. 集中介绍。

教师用问题"手不碰小猴，你能帮小猴沿着绳子爬到树顶吗？"激发幼儿操作的兴趣，明确操作的规则。

2. 观察指导要点。

图4-25

（1）教师观察幼儿尝试的不同方法，不急于告知"拉扯小棒"的玩法，以免干扰幼儿的探索。

（2）待幼儿充分探索后，教师可引导幼儿通过观察同伴或者教师与幼儿同时操作，观察前后拉扯小棒，小猴在绳子上一点向上移动的现象。

（3）教师用问题"怎么拉小棒，能让小猴爬得快一点呢？"引发幼儿关注拉扯的动作幅度与小猴移动之间的关系。

【活动延伸】

幼儿两人一组进行比赛，渗透公平的原则，只有等"开始"的声音响起，才能拉扯小棒，看谁的小猴先到树顶。

活动五 滚珠汽车

【核心经验】

能用动作探索让滚珠汽车动起来的方法，对玻璃珠会在斜板上滚动的现象感兴趣。

【相关经验】

社会领域：愿意反复尝试操作。

【活动准备】

1. 将玻璃珠装入果冻盒中，果冻盒倒扣在盘子里，在两边贴小汽车造型的硬卡纸。（见图4-26）

2. 将汽车路线图的底纸和立体"大门"固定在托盘上。（见图4-27）

3. 将材料放置在操作台的明显处。

图4-26

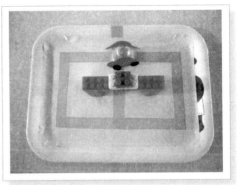

图4-27

【玩法说明】

1. 幼儿两手握住托盘边，变换方向倾斜托盘，滚珠汽车就会动起来。

2. 让玻璃珠带动果冻盒汽车在路线图上行驶，并钻过大门。

【活动指导】

观察指导要点。

（1）教师观察进入科学区的幼儿是否愿意主动探索新材料的玩法。如果没有幼儿尝试，教师可以用语言引起幼儿的关注。

（2）教师观察幼儿的不同探索方法。有的幼儿用手拨弄滚珠汽车；有的幼儿将汽车打开，看看汽车里面有什么……教师询问幼儿是怎么让小汽车动起来的，如果不用手推怎样才能让车动起来。

（3）如果没有幼儿尝试端托盘、倾斜托盘的玩法，教师可建议幼儿将托盘端起。在幼儿端托盘的过程中，用语言引发幼儿关注"小车动起来了"，引导幼儿将无意动作变成有意动作，即通过倾斜托盘让玻璃珠滚动，带动小车移动。

（4）教师用问题"小车肚子里的玻璃珠怎样了？"引导幼儿关注玻璃珠的滚动，并鼓励幼儿用语言或动作表述玻璃珠的滚动。

（5）教师引导幼儿关注托盘倾斜角度与汽车行驶路线之间的关系，鼓

励幼儿尝试调整托盘倾斜的角度，让小车在绿色的马路上行驶，并钻过"大门"，提高他们的手眼协调性。

【活动延伸】

1. 教师提供用不同材料的球体（如木珠、塑料珠等）制作的滚珠汽车，让幼儿进一步感受球体的滚动。

2. 教师设置不同的情节（如警察抓小偷、猫抓老鼠等），在一个托盘中投放两个滚珠，鼓励幼儿尝试通过倾斜托盘控制两个滚珠的行进路线。

活动六　开汽车

【核心经验】

愿意摆弄磁铁，观察磁铁能隔着薄板带着铁质物体移动的现象。

【相关经验】

语言领域：愿意说出自己的发现。

【活动准备】

1. 一头包有磁铁的小棒，长度以便于幼儿在架空的底板下操作为宜。

2. 硬卡纸制作的小汽车，中间贴铁制的物品。

3. 背景底板（见图4-28），四角用四个高度相同的物体（如罐子、柱状积木等）架空，高度以适宜幼儿操作磁铁棒为宜。

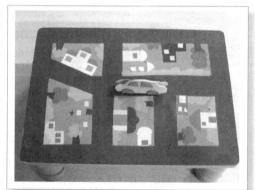

图4-28

【玩法说明】

幼儿手握磁铁棒的一端，在架空的底板下，贴着底板在小车下移动磁铁棒，包有铁制物品的汽车会被带动在道路上行驶。

【活动指导】

1. 集体介绍。

教师出示磁铁棒，用问题"魔法棒在高架桥下动一动，看看小车会怎样？"引导幼儿在架空的底板下进行尝试。

2. 观察指导要点。

（1）如果幼儿在无意识地摆弄磁铁棒时碰到底板，让小车动起来了，教师可引导其尝试贴紧和远离底板两种操作，帮助其在操作中明确贴紧底板移动磁铁棒可以使小车移动的操作方法。

（2）如果幼儿始终探索不出操作方法，并出现沮丧情绪，教师可以引导其观察同伴的操作，学习操作方法。如果幼儿仍有困难，教师可以请同伴介绍经验。

（3）教师用问题引导幼儿有意识地用磁铁棒控制汽车的行驶路线，如"你能把小车从家开到医院吗？"

（4）教师鼓励幼儿在操作的过程中，说一说自己的发现。

【活动延伸】

教师制作"三只蝴蝶"等蕴含着相同科学核心经验的操作材料（见图4-29），帮助幼儿进一步感受磁铁磁性传递的现象。

图4-29

活动七 旋转章鱼

【核心经验】

学习用拨、转等动作让皮筋旋转，关注"章鱼"旋转的现象。

【相关经验】

健康领域：增强手眼协调能力。

语言领域：学习用动词"旋转"表述自己看到的现象。

【活动准备】

1. 废旧水彩笔（可用小棒替代），塑料瓶装饰成章鱼造型，吸管（可用小棒代替）固定在"章鱼"肚子里、皮筋上。

2. 将皮筋的一头套在水彩笔上，一头套在"章鱼"肚子里的吸管上。（见图4-30）

3. 将材料放在科学区操作台明显处。

图4-30

图4-31

【玩法说明】

1. 幼儿一手扶住"章鱼"瓶身，一手拧水彩笔。

2. 幼儿拧若干下以后，将"章鱼"拎起，松开扶住"章鱼"瓶身的手，"章鱼"就旋转起来。（见图4-31）

【活动指导】

观察指导要点。

（1）教师观察是否有幼儿主动探索新材料的玩法，用语言鼓励幼儿大胆尝试。

（2）当发现个别幼儿让"章鱼"旋转起来时，教师可用语言引导其他幼儿观察该幼儿的玩法，如"看，他的'章鱼'转起来了"。

（3）教师用语言引导幼儿关注"章鱼"旋转的现象，如"章鱼是怎么转的呢？"请幼儿用手指、身体等表现旋转的动作。

（4）在反复操作的基础上，教师用问题引导幼儿关注拧皮筋与"章鱼"旋转速度和时间之间的关系。如"怎样才能让章鱼转得快一点呢？""怎样才能让章鱼转的时间长一点呢？"

【活动延伸】

教师将塑料瓶装饰成不同物体（飞机、飞碟等）的造型（见图4-32），进一步激发幼儿操作的兴趣。

图4-32

小贴士

　　有的活动中，教师不用介绍材料，直接将其投放到区域中即可。当教师发现这个材料即使放在了区域最显眼的地方，还是无人问津时，教师不要指定幼儿去玩新材料。教师可以自己拿起材料，一边玩，一边发出惊叹声，以吸引幼儿的注意，幼儿自然就会被吸引过来了。

活动八　小车跑起来

【核心经验】

探索让小车开动的方法，感知吹气让小车前进的现象。

【相关经验】

健康领域：增强肺活量。

【活动准备】

1. 塑料瓶盖、吸管、能从吸管中穿过的小棒、硬纸板组合成自制小车。（见图4-33）

2. 将纸杯装饰成小动物形象，并粘贴在小车上。

3.桌面一边设置挡板或将桌子靠墙摆放，避免小车在幼儿吹行的过程中掉在地上。

【玩法说明】

幼儿对着小车上的纸杯吹气，让小车跑起来（见图4-34）。

图4-33

图4-34

【活动指导】

1.集中介绍。

教师用语言"不碰小车，你能让小车动起来吗？"介绍操作规则，鼓励幼儿自主尝试。

2.观察指导要点。

（1）教师观察幼儿的操作行为，进行有针对性的指导。

● 如果幼儿不能让小车动起来，首先，教师应观察幼儿出现困难的原因如方向、力度等；其次，要留给幼儿足够的探索时间，让幼儿自己多尝试。

● 如果幼儿出现沮丧的情绪，教师可引导其观察同伴，或用语言指导幼儿变换角度，对着纸杯吹气或加大力量等。

（2）活动进行一段时间后，教师可用问题引导幼儿观察吹气力度与小车前行现象之间的关系，如"怎样让小车快快跑起来？"

（3）教师鼓励幼儿用语言描述自己在玩小车过程中的发现。

【活动延伸】

1. 教师在底板上制作光滑的小山坡，让小车爬坡，引导幼儿关注山坡高度与吹气量之间的关系。

2. 教师可为幼儿提供不同的材料，如扇子、打气筒等，鼓励幼儿用不同的方法让小车跑起来。

活动九 小飞机飞起来

【核心经验】

尝试用拨、拧等动作操作玩具，探索让小飞机飞起来的方法。

【相关经验】

语言领域：学习用拨、拧等动词表达自己的操作方法。

【活动准备】

1. 两个透明的一次性塑料杯，玻璃珠若干，两段弯头吸管，两个相同的小药瓶，一个酸奶瓶，彩纸。

2. 两个塑料杯套在一起，底向上倒扣，将玻璃珠放在两个透明纸杯之间。（见图4-35）

3. 用彩色纸条和小药瓶做成小飞机，将两段吸管对接，中间固定在塑料杯上，两端弯头悬吊小飞机。（见图4-36）

4. 用酸奶瓶从底部将塑料杯支撑起来。（见图4-37）

图4-35

图4-36

图4-37

【玩法说明】

幼儿用拨、拧等动作旋转吸管，吸管两端的小飞机就会飞起来。

【活动指导】

1. 观察指导要点。

（1）教师用问题"怎样能让飞机飞起来？"引起幼儿对新材料的注意，并关注吸管两端悬挂的飞机，激发幼儿探索的兴趣。

（2）教师观察幼儿的操作情况，鼓励幼儿用不同的方式进行探索。如有的幼儿用一根手指拨动吸管；有的幼儿抓住吸管，用手臂带动吸管转动；有的幼儿用手指弹吸管……

（3）教师用问题引导幼儿介绍自己的操作方法，在与幼儿交流的过程中，帮助幼儿说说拨、拧等动词。

（4）当吸管动起来以后，教师引发幼儿关注飞机起飞和玻璃珠转动的现象。

（5）教师关注幼儿旋转吸管的速度差异，用问题引发幼儿关注同伴飞机的高度，如"看，他的飞机飞得好高，怎么能让你的飞机飞高一点儿呢？"引发幼儿围绕旋转速度进行探究，感知旋转速度与飞机高度之间的对应关系。

2. 分享交流。

教师鼓励幼儿演示让飞机飞起来的方法，引发幼儿进一步探索飞高的方法。

【活动延伸】

教师引导幼儿在生活中寻找各种会转动的物体。

活动十　打电话

【核心经验】

感知声音可以从管状材料的一头传到另一头的现象。

【相关经验】

健康领域：能控制自己的音量，保护同伴的耳朵。

社会领域：学习和同伴协调听和说，享受和同伴打电话的快乐。

【活动准备】

用管状材料（PVC管、纸筒、塑料软管等）连接成传声筒。（见图4-38）

图4-38　　　　　　　　　　　　　　　　　图4-39

【玩法说明】

一名幼儿对着传声筒说话，其他幼儿在传声筒的另一头倾听。（见图4-39）

【活动指导】

1. 集中介绍。

教师创设"打电话"的游戏情境，引导幼儿迁移生活经验，了解材料的玩法。

2.观察指导要点。

（1）幼儿邀请同伴共同玩"打电话"游戏时，教师要从协调角色、同伴交流、音量适中等角度观察、指导幼儿的操作。

● 教师应观察两位幼儿是否明确听和说的关系，如何配合听和说。如果幼儿出现同时听或同时说的现象，教师可以用问题"两个人都说，谁来听呢？"引发幼儿关注两种角色。教师不要急于帮助幼儿分配角色，而应观察幼儿如何调整。

● 当幼儿用较大的声音对着话筒说话时，教师可请同伴表述自己听的感受，并引导幼儿用说"悄悄话"的情境，帮助幼儿学习控制音量。

（2）幼儿探索用力过猛时，教师应提示幼儿爱惜材料，不要拉扯传声筒。

【活动延伸】

1.教师可更换不同材质的管状材料，或改变管道的连接方式、悬挂方式（见图4-40、图4-41）等，让幼儿进一步感受声音在管道中的传播。

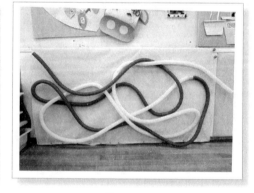

图4-40　　　　　　　　　　　　　　　图4-41

2.在角色游戏中，增加"打电话"的游戏内容。

这个游戏对于小班的幼儿有一定难度，难点在于幼儿要相互配合，分配好说和听两个角色。而且在一个人转化角色的时候，另一个人也要及时转化，不然就会出现两个人都在听或两个人都在说的情况。在活动指导时，如果幼儿不能较好地协调，教师可参与幼儿的游戏，询问一位幼儿想说还是想听。当这位幼儿选定一个角色后，教师对另一位幼儿说："他说，那我们就听吧！"用这种——指导的方式，帮助幼儿分配角色。

此次活动结束时，教师可组织幼儿分配听和说角色，并让活动中两位协调较好的幼儿，在集体中表演如何协商、分配角色。

第五章
数学区

第一节　数学区的建构与指导

一、数学区的价值

　　学前期儿童处在逻辑思维萌发及初步发展的时期，也是数学概念初步形成的时期。在幼儿园，我们通过集体的数学教育活动，以及在其他领域活动中，渗透相关的数学经验，发展幼儿的思维能力。现在，我们越来越关注在区域活动中，观察和指导幼儿进行各种数学活动，努力实现其对幼儿发展的独特价值。

　　1. 数学区能有效地促进幼儿数学经验的获得及数学思维的发展。

　　数学区的活动是教师有目的地设计的，其中蕴含着数学知识，因此，幼儿能够通过活动丰富数学经验、发展数学思维。

　　首先，学前期儿童需要借助具体的事物和直接的操作活动，获取粗浅的数学经验。数学区的活动为幼儿提供了情境化、操作性的游戏，让他们通过"玩"数学，体验数学。在多样化的游戏活动中，通过自己的操作获得有关数量、空间、几何、时间等方面的数学经验。

　　其次，幼儿可以在玩的过程中初步感知生活中数学的有用和有趣。数学区中的活动大多都是和幼儿生活相联系、具有情境性的游戏，幼儿游戏的过程就是运用数学知识解决生活问题的过程，因此，幼儿在游戏的过程中学习数学、运用数学，感知数学的作用，这些都激发了幼儿对数学学习的兴趣。

最后，数学区的活动，让幼儿在专注的数学游戏中，在解决问题的过程中，发展了数学思维，在操作中发展直觉思维，丰富了幼儿的数学表象，他们在感知具体事物的基础上进行归类、排序、概括、抽象，逐步发展逻辑思维能力。随着他们年龄的增长、游戏水平的提高，他们的形象思维和抽象逻辑思维能力逐步发展起来，这也为其他领域的深入学习奠定了基础。这些都是幼儿在自主选择的数学游戏中获得的发展。

2. 数学区能够有效地促进幼儿社会性、语言等各方面的发展。

《指南》指出"要关注幼儿学习和发展的整体性"。各领域的划分只是相对的，数学区中每个活动的价值都不是单一数学领域的，而是渗透着多元的价值，幼儿在数学活动中的学习与发展是整体的。

首先，在数学区活动中幼儿语言表达能力、规则意识、同伴交往能力等都在发展。在数学区活动中，有时需要幼儿用说明性语言进行解释，如在回答拨时钟时"起点在哪"的问题时，幼儿说"因为夜里12点以后就是明天了，所以从12点开始"；有时需要用与动作相对应的语言指导和调控自己的活动，如小班颜色对应活动中，幼儿用语言"红蝴蝶找红花，黄蝴蝶找黄花……"帮助自己操作。可见数学区活动也是幼儿语言发展的重要契机。

其次，促进幼儿社会交往能力的发展。幼儿在数学区活动中需要和同伴共同使用空间、材料，合作游戏，这些都需要幼儿发展与同伴协商的社会交往能力，因此，数学区活动能有效促进幼儿社会性的发展。

总之，我们应该用开放的观念，多角度、多层次、整合地来思考幼儿在数学区活动中的学习和发展。

3. 数学区能促进幼儿学习品质等的发展。

《指南》指出"要重视幼儿的学习品质"。在数学区活动中，幼儿的学习态度、学习习惯等获得了发展。

首先，促进幼儿参与活动的态度和积极性的发展，通过活动，幼儿参与数学区活动的次数和在数学操作游戏活动中的投入程度不断提高，幼儿对数学活动兴趣不断增强。

其次，培养幼儿良好的学习习惯。活动中，幼儿学习自己拿取、收放、操作材料，培养和学习从哪里拿放回哪里的意识和习惯，学习按操作的流程有序地使用材料和操作活动等。这些既培养了幼儿遵守规则的意识和能力，又促进了幼儿良好学习习惯的养成。

最后，促进幼儿在活动过程中学习品质的发展。通过自己的操作，幼儿在专注力、坚持性、反思调整能力等方面获得发展。在活动中，我们可以看到，在周围有干扰的情况下，幼儿能坚持、专注于自己选择的活动之中，在活动中发现问题，并用自己的方法解决问题，能创造性地使用材料，综合运用学过的知识在游戏中学习等。幼儿还逐步学会根据自己的经验和能力，通过给自己增加游戏难度，提高活动的挑战性等策略来增加活动的趣味性，这都显现出数学区活动对促进幼儿学习品质发展的价值。

4. 数学区可以满足幼儿个性化、差异化学习的需要。

幼儿的兴趣需要、个性性格不同，因此，他们的学习方式、学习速度存在着差异。数学区的环境更加宽松、自由，材料多样而有趣，幼儿可以选择自己喜欢的材料，以自己的方式，按照自己的速度进行个性化的活动。如同样是分类的活动，幼儿根据自己的兴趣，有的选择食物的分类活动，有的选择iPad的分类游戏……

此外，幼儿的数学学习具有很大的个体差异性，在集体数学活动中，很难满足不同发展水平的幼儿的需要，教师也很难深入指导不同水平的幼儿。而在数学区活动中，教师可以围绕同一核心数学概念，提供多种游戏材料，设计不同层次的玩法；还可以深入地观察和分析幼儿的数学水平，然后进行个别互动和个性化指导。能力强的幼儿可以不断地升级和挑战更高层次的玩法，能力弱的幼儿可以降级，尝试简单的玩法，从而满足幼儿的差异化学习的需要。

二、数学区的环境创设

我们这样想

3—4岁幼儿的思维以直觉行动性思维为主，他们喜欢可爱、拟人、立体的卡通动物形象，喜欢鲜艳的色彩。因此，为3—4岁幼儿创设数学区环境仍可以沿用2—3岁的原则，继续使用色彩鲜艳、造型可爱、富有童趣的卡通动植物形象营造区域氛围，吸引幼儿参与到数学区的游戏中，激发其游戏的兴趣。在区域空间的设置中，仍要将数学区划分为半封闭半开放的区域，方便幼儿走动、拿取和操作材料，同时数学区可以与科学区毗邻，利于幼儿独立思考、同伴交流，又能发挥数科相通、互生共融的特点。

我们这样做

1. 设置宽敞、通透的区域空间，方便幼儿的数学操作和材料收放。

3—4岁幼儿身体动作协调性还在发展之中，无意注意占优势，容易受到干扰因素的影响。因此，数学区要宽敞、通透、舒适，柜子、桌椅之间距离适宜，方便幼儿走动和操作，以及拿取和更换材料。比如，有些游戏材料会放在柜子的下层，需要幼儿弯腰拿取，如果柜子和桌子之间距离太小，势必造成幼儿碰撞身体，或挤翻材料筐，幼儿尝试不成功后就会放弃该游戏。因此，教师要留出幼儿拿取的空间，降低幼儿拿取的困难，从而提高幼儿游戏的兴趣。

2. 巧妙利用桌面、柜面和墙面，发挥其游戏和材料收纳的功能。

3—4岁幼儿主动选择、拿取材料进行活动的意识和能力还比较缺乏，因此，我们要用直观、可见的活动材料吸引幼儿参与活动。数学区内所有的桌面、柜面和墙面都是其环境的有机组成部分，教师可以巧妙地利用这些台面，整齐、有序地摆放各种活动材料，一方面，这些台面可以作为游戏活动的平台，直观呈现数学活动内容，吸引幼儿进区活动；另一方面，可成为收纳的场所，发挥其双重功能。如"我家有几口"活动中，教师将操作材料布置在墙面上，幼儿在墙面上进行归类摆放的游戏，这不仅发挥了墙面游戏和收纳的功能，还凸显了数学区的特点，营造了区域的氛围。（见图5-2）

桌面上摆放的操作材料

墙面上的操作材料

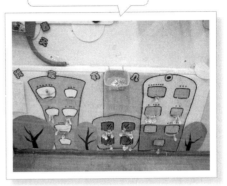

图5-1

图5-2

柜面上摆放的操作材料

图5-3

3. 精心设计，让幼儿的作品参与到区域环境的布置中，将幼儿的活动和环境创设融为一体。

展示幼儿作品的作用，不仅在于美化环境，更重要的是通过环境氛围的营造，帮助幼儿明确本阶段数学区的内容，激发幼儿不断参与的兴趣，这也是由3—4岁幼儿易受环境影响的特点所决定的。另外，利用环境呈现幼儿的作品，便于教师直观了解幼儿的活动情况和发展水平。

教师需要提前设计，让幼儿在数学区游戏的作品成为区域环境创设的一部分。如将幼儿的穿珠作品展示在墙面上，这既是作品展示也是一种记录，同时也成了环境的一部分。这样不仅美化了环境，还激发了幼儿参与环境创设的积极性。当幼儿看到自己的作品悬挂在教室里，会大大提高他们参与活动的积极性和成就感。

幼儿按照自己的意愿和水平完成穿珠，然后挂在自己的照片下面，展示在墙面上。这不仅营造了数学区氛围，而且让幼儿看到同伴的作品，便于教师了解幼儿的活动情况

图5-4

 温馨提示

为3—4岁幼儿创设环境仍然需要考虑环境的情境性，让幼儿在丰富、有趣的情境中身临其境地学习数学；还应重点考虑操作材料，制作、提供具有情境性的游戏材料，让幼儿在游戏的情境中完成数学操作活动。

三、数学区规则的建立

我们这样想

区域规则的建立是区域活动开展的重要保证，建立必要的数学区活动规则，可以保证幼儿充分、自由地操作，形成良好的学习习惯。

3—4岁的幼儿经过2—3岁阶段的学习，已经形成初步的游戏规则意识，也能初步理解简单的规则，并能在教师的提醒下遵守规则。这个阶段幼儿的具体形象思维正在不断发展，教师应使用具体形象的图形和颜色标记帮助幼儿进一步明确数学区的活动规则，并提供各种辅助的收纳材料，帮助幼儿学习整理活动材料，建立良好的规则意识。

我们这样做

1. 建立按标记对应收放材料的规则。

在已建立玩过将材料收回去的规则之基础上，我们可以帮助3—4岁幼儿建立将材料按标记对应摆放的规则，如每一层放一种游戏材料，每份游戏材料以及其对应摆放的位置上都贴上相应的颜色标记，一份材料对应一个标记摆放。幼儿在游戏开始时可以自由地在游戏柜中选取材料，游戏结束时再将材料对应标记放回原处。在收放材料中渗透了一一对应的数学内容的学习，同时也帮助幼儿形成了整齐收放的良好习惯。

材料收放的规则要由易到难，循序渐进。如3—4岁初期，幼儿的收放意识和能力还在发展中，为降低幼儿收放的难度，同时也将幼儿的注意力聚焦到游戏上，教师可以为每份材料做上相应的颜色或形状标记，将材料分别摆放在区域桌面上，玩好的幼儿只要将材料摆放成原来的样子即可，不需要端着材料

> 按形状标记收放材料

图5-5

放入柜中。幼儿逐步建立了自己收拾材料的意识之后，再逐渐过渡到按标记将材料收放到柜中。

2. 建立按份分装、收放材料的规则。

3—4岁幼儿存在"自我中心"的心理特点，他们还不能与同伴分享和合作游戏，给他们的游戏材料需要每人一份。教师需要设计并采用方便3—4岁幼儿按类收放材料的收纳工具，降低幼儿收放的困难。有时，一个游戏可能含有不同的材料，如套指环游戏中既有手掌还有指环，将不同的材料放在一个大盘子里，幼儿游戏时连大盘子一起端走，玩好后将所有材料放回盘中，一起送回。幼儿每次游戏后只要保管好自己的一份材料即可，这样也有利于

其自我管理能力的逐步发展。

3. 建立按活动要求操作材料的规则。

3—4岁幼儿在进行分类和归类等不同游戏时，由于每个游戏蕴含的核心数学经验不同，材料摆放的先后次序会提示幼儿游戏的操作流程，从而影响到幼儿数学经验的获得，这就需要幼儿按照活动的要求操作和收放材料。如，分类游戏中需要幼儿先分实物卡片，再插分类标记；而归类游戏中需要幼儿先插分类标记，再按标记进行归类。对于分类游戏，幼儿收材料时就需要先收分

在"花瓣找家"这个数量对应游戏中，教师将各种颜色的花瓣分类摆放在每个格子里，然后将放花瓣的分类格和花心的材料一起放在一个大盘子中，方便幼儿收放

图5—6

类标记，再收实物卡片，归类游戏的收放规则则相反。这样收放的要求也保证了幼儿下次操作的顺利进行。为帮助幼儿理解收放的规则，教师可以用情境性的语言介绍规则。如要求先收标记卡片再收实物卡片，教师可以说"玩好了，要先铺被子（标记卡片），再送小动物睡觉"。如要求先收实物卡片再收标记卡片，教师可以说"玩好了，要先送小动物睡觉，再盖被子（标记卡片）"。

温馨提示

规则的建立需要过程。在初期，教师需要不断地帮助幼儿检查；到了后期，逐渐要指导幼儿学会自己检查。每次活动后，教师可以组织全体幼儿观察材料的收放情况，如玩后看一看材料是否齐全，收到位没有。对幼儿收放到位的行为及时奖励，这既可强化幼儿的收放规则意识，还能有效避免材料的混淆，确保每次活动的正常开展。

四、数学区的材料与内容

![我们这样想]

　　数学区活动材料不仅是帮助幼儿系统地建构数学知识、引发幼儿主动探索的工具，而且是引导幼儿学习数学知识、发展数学思维能力的重要手段。因此，教师在提供材料时要充分考虑到幼儿的年龄特点和认知规律。

　　3—4岁幼儿仍然以直觉行动思维为主，与2—3岁幼儿一样，教师仍然需要为他们提供游戏性、情境性强的材料和内容以激发他们操作的兴趣，吸引他们选择活动，从而在反复操作中积累数学经验。数学区活动的内容不应是随意安排的，而应该是科学设计的，它应体现不同年龄幼儿的发展特点以及幼儿的数学学习路径。针对3—4岁幼儿的数学学习路径，我们可以围绕关键经验提供系列层次活动，帮助幼儿循序渐进地建构数学知识。

![我们这样做]

　　1. 提供蕴含游戏玩法的材料。

　　和2—3岁幼儿的游戏材料相比，3—4岁幼儿的数学游戏材料中蕴含的操作流程要复杂一些，往往需要两个操作步骤才能完成。如，"喂小动物"的游戏中，幼儿需要先分类，再喂"食物"给小动物；投篮游戏中，幼儿需要先按颜色归类，再做4以内的等量匹配。上述游戏中，教师将形状、大小、颜色的归类要求蕴含在游戏材料中，让幼儿在喂小动物或投篮的游戏情境中，自然地进行分类、归类、对应等数学操作活动。同时，卡通的立体动物形象更具有角色感和对象性，更易把幼儿代

"喂小动物"的游戏中，幼儿需要先按形状分类，再喂小动物

图5-7

入情境中，提高活动的游戏性，避免了机械、枯燥的操作。

2. 提供多套平行的游戏材料，满足幼儿重复操作的需要。

数学知识是一种抽象的知识，幼儿需要通过多次反复的操作才能理解数学概念的意义。3—4岁的幼儿喜欢重复性的游戏，并且具有好模仿的特点，因此，我们应提供多套平行的游戏材料。首先，我们应注意提供的同种材料数量至少为四套，以满足幼儿模仿同伴活动及反复操作的需要，避免幼儿在游戏中争抢材料。其次，我们可以借鉴集体活动中

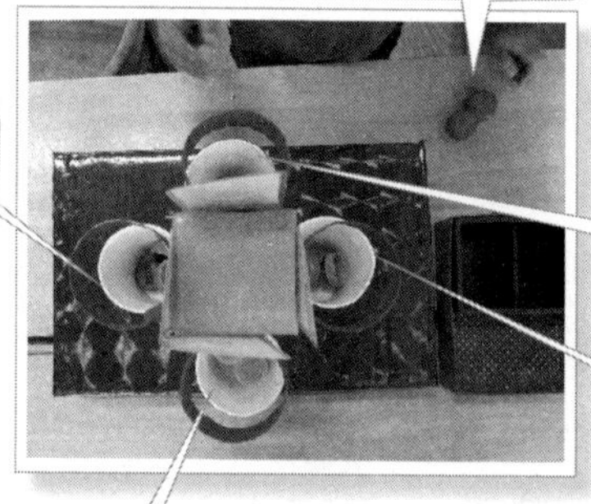

投篮游戏中，幼儿需要先按颜色分类，再做等量匹配的投篮动作

绿色瓶盖

红色瓶盖

蓝色瓶盖

黄色瓶盖

图5-8

的有效做法，根据同一核心数学经验提供多个相应的平行活动的材料，以满足幼儿多样化活动的需要。如归类活动中，幼儿可以用各种水果进行归类，也可以用各种车进行归类，还可以用各种雪花插片进行归类。再如学习AB模式的活动中，幼儿可以用不同颜色的吸管玩穿项链的游戏，也可以用不同颜色或形状的串珠穿项链送给小动物，还可以用雪花片给小动物的家门口铺小路。

3. 有选择性地投放一些成品游戏材料，帮助幼儿学习数学。

玩具商开发了很多适合幼儿学习数学的游戏材料，其中蕴含了一些数学关键经验，也可以作为数学区的操作材料。教师可以将购买和自制相结合，选择一些适合3—4岁幼儿的材料，从而帮助他们在不同形式的材料中学习数学。（见图5-9、图5-10）

4. 提供不同层次的范例材料，为幼儿的自主学习提供支架。

数学活动是思维活动，3—4岁幼儿在数学活动中需要感知序列和模式的排列规律，如大小排序、AB模式排列等。

买来的成品分类游戏材料

图5-9

买来的成品分类游戏材料

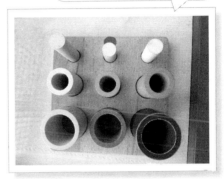

图5-10

　　幼儿的数学学习存在较大的个体差异性，教师可以根据本班幼儿的不同水平提供层次不同的范例板，以支撑幼儿的尝试学习。如范例有全范例、半范例、填空范例等，让不同水平的幼儿都能在范例的提示下自主操作。不同的范例难度是不同的。如"铺小路"游戏中，对于还没有建立模式序列意识的幼儿，我们提供半范例，让幼儿在半范例板上接着摆放相应的花片；对于已经能够独立感知模式的幼儿，教师可以提供无范例的底板。（见图5-11、图5-12）

无范例底板

图5-11

半范例底板

图5-12

范例的层次还体现在活动的难易程度上，在"穿项链"活动中，我们可以提供按一种颜色穿的范例，也可提供两种颜色间隔穿的排列范例，让幼儿感知AB模式的间隔交替。同时，还可以提供ABC、ABB等不同模式的范例，让幼儿尝试有规律的排列。（见图5-13）

温馨提示

教师可以根据幼儿的掌握情况，将集体活动中的数学游戏内容和材料酌情放入区域中，供幼儿进行巩固练习或探索。如一些游戏性强的游戏，幼儿在集体活动中没有充分玩够，可以继续在区域里玩。再如集体活动中幼儿遇到了困难，可以在区域里继续探索。对于集体活动中幼儿都能掌握的内容，为了保持幼儿对游戏的兴趣和参与度，教师可以在材料上进行替换，如换情境或材料，或增加游戏的难度。此外，在该年龄段仍然需要材料具有情境性。

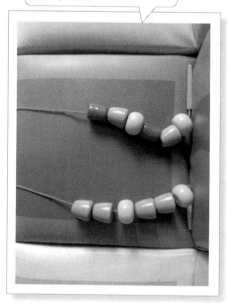

穿项链的两种不同范例：ABC、ABB

图5-13

五、数学区的教师指导

我们这样想

3—4岁幼儿注意力集中的时间相对较短，兴趣容易转移，问题解决策略还相对贫乏，活动中仍依赖于成人的帮助和指导。该年龄段幼儿的思维以直觉行动性为主，具体形象性初步发展，因此，数学的学习更多需要在游戏中体验和感知。激发幼儿参与数学游戏的兴趣、提高幼儿游戏的成就感仍然是教师指导的重点。

我们这样做

1. 渲染气氛，激发兴趣，引导幼儿尝试新游戏。

3—4岁幼儿的数学游戏有一定难度和复杂性，为了帮助幼儿更好地参与到数学游戏中来，调动他们参与的兴趣，同时也给幼儿的游戏提供支撑，提高幼儿游戏的成就感，教师可以在开始的介绍环节中，用夸张的语气和语调渲染游戏的氛围，带动幼儿尝试新游戏。如在"喂小动物"游戏中，教师用夸张的语言和动作渲染道："今天，小动物们来到我们班做客，他们闻到了香香的饼干味道，他们好想尝一尝。你们能请他们品尝吗？可是小动物们说要吃和他嘴巴一样形状的饼干，谁来试一试呢？"当幼儿成功喂过后，教师可以用动物的语气来感谢幼儿。有时，幼儿直接进区活动，教师也可以用渲染的方法引导幼儿注意到重点操作材料，引起他们参与的兴趣。

2. 用情境性策略帮助幼儿理解数学经验和活动玩法。

教师可用情境性策略鼓励幼儿参与游戏和表达自己的操作，增加游戏的情境性。在数学区活动中，情境性的指导方式体现在以下两个方面。

（1）教师可以将游戏的操作步骤和操作方法编成朗朗上口的儿歌，让幼儿在游戏中边念儿歌边操作。如"大会餐"是让幼儿感知数量对应的活动，教师利用"一只兔子拔萝卜，两只兔子抬萝卜，三只兔子洗萝卜，四只兔子煮萝卜，五只兔子吃萝卜"的儿歌帮助幼儿学习将数量为1—5的兔子数群卡放到相应的底图中，在简单生动的儿歌提示下，幼儿能轻松理解和记忆活动的要求。

（2）运用情境性的语言帮助幼儿自我指导、调整自己的操作。一方面，教师可以利用情境性语言提示幼儿游戏的要求。如在"小怪兽套圈"游戏中（见图5—14），第一个层次的要求是按颜色归类，即红圈要放到红点点的果冻盒上面。当观察到幼儿将红圈放到了黄点点果冻盒上时，教师可以说"哎呀，小怪兽说，'快看！我是红色的圈，我要放到和我一样颜色的点点上，快来帮我换一换！'"让幼儿在情境语言的指导下理解要求，调整自己的操作。另一方面，教师可以鼓励幼儿边操作边说，用情境语言进行自我提示。如上例活动中，幼儿可边操作边说红圈找红点、黄圈找黄点等，提示自己按颜色归类，帮助幼儿不受大小的干扰，坚持标准，按要求归类。

图5-14

3．适当地进行外在评价，积极反馈幼儿的操作。

3—4岁幼儿自我意识的发展更多地依赖于成人对自己的评价，成人及时且积极的评价可以吸引幼儿参与数学区的活动，激发游戏的兴趣。因此，活动中，当幼儿取得小小的成功或是有进步的时候，教师可以及时用奖励的方式来反馈幼儿的学习，从而激发幼儿进一步参与活动的动机，保持他们对数学游戏的兴趣，提高其游戏的成就感等。奖励的方式很多，比如贴一张贴画，给予掌声、大拇指、拥抱等动作表扬，或是集体中表扬等，奖励的同时要伴随语言的反馈，帮助幼儿初步学习反思自己的操作。

温馨提示

1. 兴趣培养为主。

3—4岁幼儿的思维能力初步发展起来，学习数学应以萌发兴趣为主，我们应利用生活和游戏中的实际情境，激发幼儿参与数学活动的兴趣。另外，幼儿的数学学习具有很大的个体差异，教师要关注幼儿在操作过程中的表现以及学习方式的差异，针对能力弱的幼儿，教师要有降级的策略和内容，不能一味拔高而导致幼儿失去对数学游戏的兴趣。

2. 教师适当陪伴。

3—4岁的幼儿在游戏中喜欢和教师互动，他们玩好了会高兴地向教师展示，希望得到教师的认可和赞赏。教师陪同游戏，可以满足他们的情感需求，除此以外，还可以让教师细致了解幼儿的操作过程、对不同材料的兴趣取向、游戏过程中的学习方式，以及如何表述自己的操作结果等。同时共同玩的过程，也调动了幼儿游戏的兴趣，提高了幼儿数学游戏的水平。

陪同有不同的方式。对于有兴趣但不会玩的幼儿，教师可以用平行的方式和幼儿玩同种游戏，教师通过自己的操作动作和伴随的语言，暗示平行活动的幼儿操作方法。教师还可以先操作，然后再请幼儿操作，当幼儿操作自如后，教师可以退出。对于不愿参与活动的幼儿，教师可以和幼儿一起玩同一份材料，通过自己的动作、表情、语言，激发幼儿参与活动的愿望。

六、案例分析

投　篮

为了帮助幼儿学习颜色对应和4以内的等量匹配，教师设计了投篮游戏（见P122的投篮图片）。

该游戏的玩法是：

1. 先抽出一张点卡。

2. 在牛奶盒上找到和点卡上数量相同的点子，将点卡插到球筐上。

3. 根据点卡上点子的数量以及纸杯颜色，拿取相应数量和颜色的瓶盖。如点卡是4个点子，对应纸杯颜色是黄色，就拿取4个黄色瓶盖，抓在手中，并进行逐一投放。

区域活动开始了，乐乐、然然同时参与了投篮游戏。

案例一

乐乐先看了看游戏材料，然后拿起了一张点数为3的点卡，又左右看了看投篮架，然后将点数为3的点卡插在了点数同样也是3的球架上。接着他又一个一个地拿了绿色的瓶盖，投入到了绿色的杯子里。

教师问："乐乐，你投的是什么颜色的球啊？"

乐乐说："绿色。"

教师又问："你为什么投绿色的球呢？"

乐乐指了指绿色的杯子说："这里是绿色的。"

教师说："绿色的球要投在绿色的杯子里，对吗？"

乐乐点了点头。

教师接着问："你投了几个绿色的球？"

乐乐一个一个地数了数，然后说："3个！"

教师问："为什么放3个球呢？"

乐乐又指了指点卡。

教师接着问："3的点卡为什么插在这个球架上呢？"

乐乐指了指投篮架上的点卡说："这里也是3，要和它一样！"

教师说："乐乐，真能干！不仅会玩，还能把自己怎样玩的说出来！"

案例二

然然来到投篮游戏边，不看球架上的点卡，也不管杯子和球的颜色，直接拿起球就开始往杯子里投，并且反复玩了好几次，把每种颜色的球都投满了。

这时，教师来到然然的旁边，指着杯子里的球，对然然说："然然很喜欢玩投篮的游戏，还把每个瓶盖都投到了杯子里！我们一起来看看，这个（绿色）杯子里投了什么颜色的球（黄色）。"

然然看了看说："黄色！"

教师用拟人且夸张的语气说："黄色的瓶盖说，'然然，快帮我投到和我一样颜色的杯子里吧，绿杯子不是我的家！'"

然然犹豫了一下后，将黄色的瓶盖拿出来，放入黄色的杯子里。

教师继续鼓励道："然然，真棒！黄色的瓶盖谢谢你送它回家！现在你能让每个瓶盖都找到和它颜色一样的家吗？"

然然将剩下的瓶盖都一一按颜色放入了相应的杯子里。

这时，教师开始引导然然去关注点卡以及球架上的点子数量。

教师说："然然，你看，球架的这里贴了几个点？我们一起伸出手来数一数，好吗？"

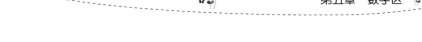

说完，然然伸出了手，和教师一起数："1、2、3。"

教师问："一共是几个？"

然然说："3个！"

教师问："给它投和它一样多的瓶盖，要投几个？"

然然说："3个！"

教师问："对，你来试一试！"

然然将杯子里面的瓶盖全部拿出来，然后重新投了3个瓶盖。教师及时表扬道："然然真棒，不仅会看颜色放瓶盖，还会看点卡的数量来放！"

教师继续指着旁边的点卡说："咦？这里的点卡是干什么用的呢？你看乐乐把它插到了哪里？"

一旁的乐乐迫不及待地说："插到这里当门牌的！"

听完乐乐的话后，然然拿了一个数量是2的点卡，可是怎么插呢？然然犹豫了一下后又换成了数量是3的点卡，然后学乐乐一样插在了数量是3的球架的上面。

教师问："你为什么换了一张点卡？"

然然说："因为这里（球架）是3！"

教师奖励了然然一个贴画，并说："真棒，欢迎你下次再来玩！"

幼儿玩投篮的游戏

图5-15

教师反思

1. 根据幼儿的不同表现，提供不同的语言指导策略。

案例中的乐乐能按照游戏的玩法进行游戏，教师除了观察其操作之外，还运用了提问的策略来了解幼儿对规则的理解。而案例中的然然一开始只关注到投篮的动作，还没有关注到游戏中蕴含的数学要求。针对然然的情况，教师运用了情境性的语言引导其观察材料，并告诉幼儿游戏的玩法是"瓶盖要投到和它一样颜色的杯子里"。

2. 逐步引导的策略为幼儿的操作提供了支架。

案例中的然然开始没有关注到颜色、数量的对应关系。教师通过一步一步地引导逐渐帮助然然从了解颜色的对应到了解数量的对应。教师一次只提出一个要求，帮助幼儿聚焦到自己的操作，这样逐步引导的策略为幼儿的操作提供了适宜的支架，从而帮助其完成游戏。

3. 及时的反馈和必要的奖励能带给幼儿以成就感，也能保持幼儿对数学游戏的兴趣。

3—4岁幼儿在操作过程中需要教师的及时反馈，教师及时且正面的反馈可以激发幼儿进一步游戏的兴趣，教师的奖励也有利于加强幼儿的自我效能感，积极的自我效能感更调动了幼儿持续游戏的兴趣。

需要注意的是，案例中教师是通过不同的语言来进行个别指导的。在实际的区域游戏指导中，教师还可以通过提供不同层次的材料来进行个别指导。如教师可以将投篮游戏设置为不同的层次，层次一是按颜色投篮或按数量投篮；层次二是按颜色和数量投篮。针对然然的情况，教师可以先请其玩层次一的材料。

第二节 数学区活动实例

活动一 结果子啦

【核心经验】

学习按颜色、形状、大小进行分类。

【相关经验】

社会领域：操作结束后，能收拾好自己使用的材料。

【活动准备】

1. 卡纸做的大树。

2. 用彩色卡纸剪出的不同颜色、大小、形状的果子。

3. 将粗吸管剪成若干小段，贴在大树上。果子背后贴上细的小段吸管。

（见图5-16）

【玩法说明】

从筐里找出相同颜色或者相同大小、相同形状的果子，插在一棵树上。

（见图5-17）

图5-16

图5-17

【活动指导】

1. 观察指导要点。

（1）教师将材料放在台面上明显之处，用情绪带动，引起幼儿选择新活动的兴趣。

（2）幼儿自由操作，将果子插到大树上的吸管里，让大树长果子。教师观察幼儿是以什么样的方式给果树长果子的，是按颜色、大小，还是形状。

（3）根据幼儿操作情况，教师用以下问题引导幼儿按颜色、大小、形状分类。

● 教师问："你这棵树上结的是什么样的果子？"

● 教师问："怎么样让它长出一样的果子呢？"

（4）如果幼儿已经掌握了按一个维度分类，教师可引导幼儿尝试按另外一个维度分类。

2.分享交流。

教师展示幼儿的成果（按颜色、形状、大小分），引导幼儿说说大树上的果子是什么样的，鼓励幼儿再用不同方法操作。

【活动延伸】

关于分类的活动有很多，教师可以带领幼儿按照不同的属性进行分类练习。比如，在午餐后，可以请幼儿把碗、勺子、用过的毛巾分类摆放。

活动二　穿糖葫芦

【核心经验】

感知物体从小到大的顺序关系。

【相关经验】

语言领域：愿意用自己的语言讲述物体排列的顺序。

【活动准备】

1.操作底板：小娃娃手拿糖葫芦的造型，一边糖葫芦是全范例，一边糖葫芦是半范例。

2.彩色纸剪成从小到大的5个糖葫芦。（见图5-18）

【玩法说明】

层次一：根据全范例，幼儿用重叠对应的方法，按照从小到大的顺序，帮助小娃娃穿5个糖葫芦。（见图5-19）

层次二：对应半范例，幼儿按照从小到大的顺序穿5个糖葫芦。（见图5-19）

图5-18

图5-19

【活动指导】

1. 集中介绍。

（1）教师以游戏口吻介绍游戏名称和材料，如"小娃娃要吃糖葫芦，我们来帮她穿糖葫芦吧！"

（2）教师用问题"看一看，图上是要按照什么顺序来穿糖葫芦呢？"引导幼儿观察范例，了解从小到大排序的玩法和要求。

2. 观察指导要点。

（1）教师观察幼儿自己排列的情况，是否按大小有顺序地排列。

（2）教师根据幼儿操作情况，进行有针对性的指导。

● 如果幼儿能自己按从小到大的顺序穿糖葫芦，教师可请他说一说是按照什么顺序穿的，鼓励幼儿用自己的语言描述是怎么穿的，如大一点点，又大了一点点，更大一点点，最大，等等。

● 如果幼儿排列有困难，教师可引导幼儿先重叠对应全范例进行排列，然后在半范例上排列。

● 如果幼儿始终不动手操作，教师可用问题"从最下面开始穿，应该是穿哪一个呢？"引导幼儿，然后让幼儿自己接着穿下去。

【活动延伸】

1. 教师可提供套娃、套杯等玩具，让宝宝按照从小到大的顺序排列，加深对大小"序"概念的认识。

2. 在幼儿操作一段时间之后，教师可以提供没有范例的底板，让幼儿自

已按照不同的顺序（从小到大或从大到小）穿糖葫芦，让幼儿通过进一步的比较，感受"序"的含义。

3. 材料可增加难度，制作成带方向标记、外形干扰的，如"小鸡""云朵"等。

小贴士

活动初期，教师先提供全范例的材料底板，幼儿会对应虚线的大小找相应的糖葫芦，而不是对应前面一个糖葫芦的大小，来找下一个比它大一点的糖葫芦。所以，需要通过反复操作、感知和多次的观察，帮助幼儿感受什么是从小到大，然后再逐渐提供半范例，或者无范例，让幼儿自己尝试从小到大排列。

活动三　喂小动物

【核心经验】

能按标记（动物嘴巴）的形状、大小，给图形归类，初步理解物体与物体相同的含义。

【相关经验】

语言领域：学习说句子"小猫，请你吃××的饼干"。

【活动准备】

1. 若干个大或小的正方形、三角形、圆形的纸片。（见图5-20）

2. 制作动物头像，动物嘴巴挖空成正方形或圆形或三角形，大小也不同。后面贴上一个空的抽纸巾盒子，盒子下面剪一个圆口，口内挂一个透明矿泉水瓶。动物的嘴巴与矿泉水瓶相通。当幼儿从动物的嘴巴将纸片喂进去之后，纸片正好掉进矿泉水瓶内。

【玩法说明】

幼儿根据小动物嘴巴的形状、大小特征，将相应形状或大小的饼干放入对应的嘴巴里。（见图5-21）

图5-20

图5-21

【活动指导】

1. 观察指导要点。

（1）教师观察幼儿送饼干给小动物吃的情况，是按形状、大小、颜色，还是随意投放。

（2）教师根据幼儿操作情况，进行有针对性的指导。

● 如果幼儿随意放，教师可用问题"小动物的嘴巴一样吗？怎么不一样？饼干是什么样子的？"引导幼儿观察材料，再用小动物的口吻帮助幼儿明确按嘴巴的形状分饼干的要求。

● 如果幼儿能自己按照形状、大小或颜色分饼干，教师可以让幼儿说说喂给小动物的是什么样的饼干，并鼓励幼儿按不同的方法喂小动物，重点是按照动物嘴巴形状来喂饼干。

（3）教师鼓励幼儿在送的时候，学习用语言表述，比如"小兔子，我请你吃大的圆形饼干"，或"小猫，我请你吃小的圆形饼干"。

2. 分享交流。

教师和幼儿一起检查，小动物嘴巴的形状与肚子里饼干的形状是不是一样。

【活动延伸】

教师可以将饼干换成小动物爱吃的食物，然后请幼儿一一对应地喂给小动物吃。同样在喂的时候，可以说一说"小猫，请你吃鱼"。

活动四　我是怎样上幼儿园的

【核心经验】

能按实物标记归类，进一步理解物体与物体相同的含义。

【相关经验】

语言领域：学习用短句表达。

科学领域：了解不同的交通工具。

【活动准备】

1. 用硬纸板制作底板，上面贴有乘自行车、公交车、摩托车、小汽车、地铁、步行的图片。（见图5-22）

2. 每位幼儿一个自己的照片标记牌，背面贴夹子。（见图5-23）

图5-22

图5-23

【玩法说明】

1. 每天早上入园，幼儿根据自己来幼儿园所坐的交通工具，将自己的标记牌夹在相应的图片上。

2. 幼儿用语言表达上幼儿园的方式，如"我是××来上幼儿园的"。

【活动指导】

1. 集中介绍。

（1）教师用话题"我是怎样上幼儿园的"导入，请幼儿介绍自己是怎样上幼儿园的，并向幼儿介绍操作底板上的内容以及操作规则。

（2）教师提醒幼儿早上到幼儿园时，将自己的标记牌夹在相应的位置，并学习说"我是××上幼儿园的"。每天放学时再将自己的标记牌取回。

2. 观察指导要点。

根据幼儿操作情况，教师可用以下问题引导幼儿。

（1）教师问："你是怎么来幼儿园的？你的标记牌夹在哪里了？"

（2）教师问："这里夹了好几个宝宝的标记牌，那么这些宝宝都是怎么来幼儿园的？"

3. 分享交流。

教师带领幼儿通过看照片标记观察谁没来。

1．集中交流环节，教师除了可以引导幼儿观察谁是怎么来幼儿园的、哪些幼儿没有来，还可以通过数的方式了解哪种交通工具运用得最多、哪种最少，发现哪些幼儿今天和昨天使用的交通工具不一样，等等。

2．此活动可让家长参与进来。早上送幼儿入园时，家长首先引导幼儿在"我是怎样上幼儿园的"底板上夹好标记牌，可提问"今天我们是怎么来幼儿园的？那我们的标记牌应该夹在哪里呢？还有谁和我们的方法是一样的？"如果幼儿主动去夹标记牌，家长应对幼儿提出表扬。

活动五　小瓢虫的家

【核心经验】

感知4以内的数量，能准确点数，说出总数，并按总数取物。

【相关经验】

社会领域：愿意送小动物回家。

【活动准备】

1. 底板：有若干个蘑菇，蘑菇有大有小，蘑菇上分别有4以内数量的小红点。

2. 瓢虫若干只，盛放于收纳筐中。（见图5-24）

【玩法说明】

幼儿先数一数一个蘑菇上一共有几个点，再从筐里取出相同数量的小瓢虫，全部放在手上。一个小红点就是一只小瓢虫的家，将手里的小瓢虫一只一只地送回家。如果一个蘑菇上已经有小瓢虫了，就再找另一个蘑菇，按照同样的方法送小瓢虫回家。让底板上的小蘑菇家里都住上小瓢虫。（见图5-25）

图5-24

图5-25

【活动指导】

1. 集中介绍。

（1）教师用情境导入，介绍游戏名称。

（2）教师提出问题"小瓢虫的家在哪里？"引导幼儿观察材料。

2. 观察指导要点。

（1）教师观察幼儿怎样将底板上的小蘑菇和小瓢虫进行联系。

（2）教师根据幼儿的操作情况，用问题引导幼儿。

● 教师问："蘑菇上有什么？"

● 教师问："如果蘑菇上的一个点就是一只小瓢虫的家，你会把它们都送回家吗？"

● 教师问："怎样才能知道每一个蘑菇上住着几只小瓢虫呢？"

（3）教师观察幼儿操作的情况，并进行个别指导。

● 有的幼儿瓢虫数量放得不对，教师可引导幼儿重新数一数有几个点，数好后说一说"一共有几个点"，再数数蘑菇上的瓢虫，看看是不是一样多，然后进行修正。

● 有的幼儿可能不按总数取物，而是从筐里逐个拿小瓢虫放在每一个点上。这时，教师可以提醒幼儿，应该先做什么，再做什么。

（4）教师鼓励幼儿操作完之后，自己检查一下是不是所有的小红点上都住着小瓢虫了。

【活动延伸】

在玩娃娃家游戏中，教师提供小碗、小勺，让幼儿先数出小碗的总数，再根据小碗的数量取小勺，一一对应地摆放到小餐桌上。

活动六　送礼物

【核心经验】

明确标记的意义，能按照实物标记进行归类。

【相关经验】

社会领域：丰富对日常生活中的常用物品的认识。

【活动准备】

1. 三格的分类盒。

2. 3张标记卡（分别代表宝宝用的物品、吃的食物、玩的玩具）。

3. 若干张分别是用的物品、吃的食物、玩的玩具的卡片。（见图5-26）

【玩法说明】

幼儿先将标记卡插在分类盒上，再将所有的实物卡片按照标记进行归类

摆放。（见图5-27）

图5-26

图5-27

【活动指导】

1. 集中交流。

（1）教师出示材料，通过"分礼物"的情境帮助幼儿明确活动内容，区分标记和实物卡。

（2）教师边讲解边示范，让幼儿知道先插标记卡再分实物卡，收材料时先收实物卡再收标记卡。

2. 观察指导要点。

（1）教师观察幼儿分卡片的情况，鼓励幼儿说出自己分的理由。

（2）教师根据幼儿操作情况，用以下问题引导幼儿思考、操作。

● 教师问："这三张标记卡上面有什么？它们代表什么呢？"（吃的、用的、玩的）

● 教师用问题"我们要把这些礼物卡片分别放在哪个格子里呢？"引导幼儿根据标记的内容进行归类。

（3）幼儿如果有困难，教师可示范操作，并帮助幼儿理解为什么这张卡片放在这个格子里。操作完之后，教师还要引导幼儿说一说"这个格子里都是吃的"。

（4）收放材料时，教师提醒幼儿先收实物卡，再收标记卡。

【活动延伸】

教师可以做一些类似归类游戏的操作材料，如海陆空交通工具等。

活动七　形状找家

【核心经验】

根据形状的特征——对应摆放玩具，体验物体与相关位置的对应关系。

【相关经验】

社会领域：愿意探索多种摆放的方法。

【活动准备】

图形镶嵌玩具，收纳筐一个。（见图5-28）

【玩法说明】

　　幼儿根据每一个形状积木的颜色、大小，在底板上找到对应的位置，将它镶嵌进去。注意，相同颜色的形状积木要放在一排。（见图5-29）

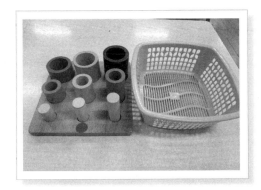

图5-28

图5-29

【活动指导】

　　观察指导要点。

　　（1）教师观察幼儿能否给形状积木都找到相应的位置、对应摆放时使用的方法，以及是否注意到相同颜色的排在一起。

　　（2）教师根据幼儿操作的情况，进行有针对性的指导。

● 如果幼儿不能找到相应的位置，教师应鼓励幼儿在不同的位置上摆一摆，用试误的方法找到相应位置。

● 如果幼儿有遗漏或不能坚持放完，教师可问幼儿"每一个形状都找到家了吗？"

● 如果幼儿都能给形状积木找到相应位置，但没注意一排放一种颜色，教师可以进一步引导，如"你能将相同颜色的形状都插在一排吗？"

（3）幼儿完成后，教师引导幼儿看一看插好后，每一排是什么样子的。

【活动延伸】

在建构游戏中，教师注意引导幼儿观察各种积木的形状特征，并学习用语言表述；在日常生活中，鼓励幼儿注意观察各种物体的形状。

活动八　套娃

【核心经验】

体验成对物体之间的对应关系，并按照从小到大的顺序进行排列。

【相关经验】

健康领域：发展幼儿的手眼协调性。

【活动准备】

俄罗斯套娃一组。（见图5-30）

【玩法说明】

1. 尝试根据大小、娃娃身上的花纹将每一个娃娃的头部和身体对应匹配，接插成一个完整的娃娃。

图5-30

2．将接插好的五个娃娃按照一定顺序进行排列。（见图5-31）

图5-31

3．将五个套娃从小到大，逐个套在一起。

【活动指导】

1．观察指导要点。

（1）教师观察幼儿玩的方法，看幼儿能否在已有经验的基础上，知道找到和每一个娃娃的头部匹配的身体，并进行接插。如果没有经验，教师可引导幼儿学习接插，将其组合成一个完整的娃娃。

（2）教师观察幼儿能否为所有的娃娃头部找到匹配的身体，并接插成一个完整的娃娃。教师可用问题"为什么你把这两个拼在一起？"引导幼儿说出理由。

（3）在幼儿出现困难时，教师可鼓励幼儿先观察娃娃的头部和身体的大小、身上的花纹，然后进行匹配，鼓励有操作困难的幼儿一个一个地尝试，直到找到相匹配的套娃。

（4）教师鼓励幼儿将所有娃娃按照大小顺序排队。对于有困难的幼儿，教师进行个别指导，可以引导幼儿感知并观察套娃的大小区别。

2．分享交流。

教师表演套娃的各种玩法，如拼接娃娃、给娃娃排队、小娃娃藏进大娃娃肚子里、逐一取出，激发幼儿进一步操作的兴趣。

【活动延伸】

借助幼儿已有的"袜子、手套成双成对"的生活经验，教师可鼓励幼儿从所有分开的套娃中找出成对的两个，体验成对物体一一对应的关系。

活动九　铺小路

【核心经验】

体验以ABB、ABC模式为单位的重复排列。

【相关经验】

健康领域：发展幼儿的手眼协调性。

【活动准备】

1. 雪花片一筐。

2. 制作底板，画面设置情境，如狐狸要走过一条小路才能吃到葡萄。用雪花片排列成ABB或ABC等模式的半范例，并固定在底板上。（见图5-32）

【玩法说明】

幼儿将雪花片按照底板上的范例模式，沿着路线上已有的模式接下去铺小路，直到铺完。（见图5-33）

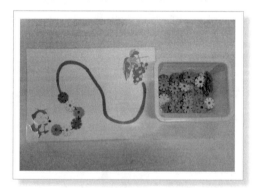

图5-32

图5-33

【活动指导】

1. 集中介绍。

（1）教师用情境导入，介绍游戏名称。

（2）教师问："小路是怎样铺的？你能像这样，继续将小路铺完吗？"

2. 观察指导要点。

（1）教师观察幼儿能否按照范例的模式接下去排花片，并坚持完成。

（2）教师针对幼儿出现的问题进行个别引导。

● 如果幼儿不知道后面应该排什么颜色的雪花片，教师可让幼儿观察前面是怎样排的，并让幼儿说出"红黄蓝、红黄蓝、红黄蓝"，帮助幼儿发现ABC规律，再让幼儿尝试往后排。

● 如果幼儿仍不知道如何往后接排，教师可用问题"红颜色后面应该是什么颜色呢？为什么呢？"引导幼儿观察、思考，然后再尝试接着往后排。

（3）当一种模式排列了一段时间之后，教师可以引导幼儿尝试不同模式。

（4）如果还有幼儿觉得困难，教师可降低难度，如让幼儿先从AB模式开始。

【活动延伸】

1. 教师带领幼儿在幼儿园散步时，可引导幼儿观察周围环境中，有没有间隔排列的物品，以拓展幼儿的模式经验。

2. 教师可以帮助幼儿准备三种形状的纽扣，引导幼儿按照"正方形、三角形、圆形"等规律进行排列。

3. 教师引导幼儿按ABC模式穿串珠、给小动物做项链等。

活动十　套指环

【核心经验】

感知6以内数量，能根据手指上的点数匹配等量的指环。

【相关经验】

健康领域：发展幼儿的手眼协调性。

【活动准备】

1. 用底板做成手的模型，每根手指上分别标注数量不同的点，用于收纳指环的盒子。（见图5-34）

2. 毛根或小皮筋等材料做成的指环若干个。

【玩法说明】

幼儿根据手指上的点数套相应数量的指环。（见图5-35）

图5-34

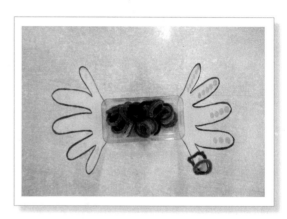

图5-35

【活动指导】

观察指导要点。

（1）教师观察幼儿的操作方法，观察幼儿是否能关注到手指上的点数，并知道将指环套在手指上。

（2）教师根据幼儿的操作情况，用问题引导幼儿思考、操作。

● 教师用问题"每个手指上应该套几个指环呢？"引导幼儿观察手指上的点点，并进行点数。

● 教师问："看看是不是一样多？如果不一样多，怎样让指环和手指上的点点一样多呢？"

（3）教师引导幼儿套完指环后，数一数每根手指上指环的数量，然后取下所有指环收到中间盒子里。

活动十一　投篮

【核心经验】

体验点子的数量、物体的数量、物体的颜色三者的匹配关系。

【相关经验】

社会领域：能理解并按规则进行活动。

【活动准备】

1.用扁纸盒做底座，用一升装的牛奶盒、薯片罐制作成篮球架，不同颜色的纸杯四个，分别放在一个篮球筐下面固定。（见图5-36）

2.印有1—4个点子的点卡，瓶盖（四色，每种颜色若干）当篮球。（见图5-36）

【玩法说明】

幼儿先翻点卡，根据点卡上点子的数量，在中间的牛奶盒上找到数量一样的点子，将点卡插到球筐上。根据点卡上点子的数量、纸杯的颜色，拿取对应数量、颜色的瓶盖。如点卡有4个点，对应纸杯颜色是黄色，就拿取四个黄色瓶盖，抓在手中，并逐一从球筐投放进纸杯里。（见图5-37）

图5-36

图5-37

【活动指导】

1.集中介绍。

（1）教师以游戏情境导入，介绍材料，激发幼儿的兴趣。

（2）教师边示范边讲解游戏的玩法和规则，强调先插点卡，然后数出相应数量的瓶盖，再玩投篮游戏。

2. 观察指导要点。

（1）教师观察幼儿是否按篮筐上的点子数量，投相应数量的瓶盖；是否按照纸杯颜色，归类投相应颜色的瓶盖，提醒幼儿按规则进行游戏。

（2）当幼儿反复操作熟练后，教师提供印有2—5个点子的点卡，幼儿自己插牌，继续游戏。

（3）教师引导幼儿从点卡上的点数和纸杯的颜色这两个维度，投放相应数量和颜色的瓶盖。

（4）教师提醒幼儿，游戏结束后将点卡和瓶盖分类放入收纳盒中。

【活动延伸】

在这个游戏中，彩色纸杯可以任意调换位置，这样操作时所取的瓶盖就会有多种可能性。

第六章
音乐区

第一节　音乐区的建构与指导

一、音乐区的价值

《指南》中明确指出"艺术是人类感受美、表现美和创造美的重要形式，也是表达自己对周围世界的认识和情绪态度的特有方式"。同时《指南》还指出"应充分创造条件和机会，萌发幼儿对美的感受与体验，丰富其想象力、创造力，引导其用自己的方式表现美、创造美"。

音乐是一种由声音和寂静组织起来的独特的艺术表现形式，对幼儿的全面发展产生了重要影响。音乐区作为幼儿园音乐教育的一种组织形式，是音乐集体教学形式的一种延伸和拓展，它形式开放，组织灵活自由，有助于凸显"感受与欣赏""表现与创造"这两大核心，并能满足不同层次幼儿的需要。

1. 音乐区应以兴趣的激发为目标，为广大幼儿服务，满足广大幼儿的需要。

音乐区的创设，应本着兴趣引路的原则，让幼儿感受、欣赏、学习音乐的目的不是为了培养个别音乐精英，而是为了培养喜爱音乐、享受音乐、热爱生活的生命个体。

因此，音乐区不仅仅是为个别有音乐天赋的幼儿设置的，而应是普惠性的，适用于每一个独特个体的需求，满足不同层次幼儿活动的需要。

2. 音乐区应以自主表达与创造为核心，既重视群体的自我展示，又关注个体的特长发挥。

音乐区的创设应充分给予幼儿自主表达与自由创造的机会，教师应以鼓励、激励的方式吸引幼儿主动参与，接纳幼儿各种自主表达、自由创造的行为，让幼儿真正体验自我展示的乐趣。同时，还应留意、发现、关注有音乐天赋的幼儿在音乐区的独特表现，既做到兼顾全体，又做到关注个别，在音乐内容、形式、技巧等方面给予提升与拓展的空间，在调动群体积极参与的同时，又能满足个体的自我完善与发展。

3. 音乐区是以自由选择与自主管理为前提，重视幼儿主动性、独立性的养成。

音乐区的创设应明确活动参与的主体是幼儿，应充分给予幼儿自由选择的权利，切勿以"教师本位"限定"幼儿本体"的意愿，将"自由选择"流于形式。教师不应固化地认为，幼儿缺乏自由选择的能力，而应提供多种方式引导幼儿学会自由选择，了解自由选择的各项内容，享受自由选择的乐趣。

此外，教师还应重视幼儿自主管理能力的培养，从幼儿内需出发，在材料的投放、使用、操作等方面提供暗示或显性标志，有意识地引导幼儿发现、感知规则与秩序的重要，并乐意顺应规则，能尝试运用规则调节自己的行为，逐步形成自主管理意识。

4. 音乐区应以游戏娱乐为主，以技能训练为辅，在寓教于乐中，促进幼儿获得多元发展。

音乐区的创设应尊重幼儿好游戏、好娱乐的特点，本着游戏中学习、娱乐中感受的原则，顺带引导幼儿感知技能。切勿刻意追求"技能化"的训练，将音乐区的创设作为巩固幼儿音乐技能的必要途径。应透过幼儿"玩味音乐"的过程，发现幼儿多元能力的发展，如音乐游戏中的组织能力、领导能力、协作能力、表现能力、创造能力、模仿能力、观察能力、指挥能力、合乐能力等。

因此，教师应树立"大教育观"，从领域渗透的角度审视音乐区对幼儿发展的价值，"去单一，存多元"地认识到音乐区不仅仅发展幼儿的音乐能力，更有利于幼儿的全面发展。

二、音乐区的环境创设

3—4岁幼儿表现出明显的好奇、好动、好想象、好探索等特征。生动形象、富有趣味的环境，不仅能吸引他们的注意力，还能激发他们与环境中的事物进行互动的兴趣，丰富感性经验，提高认知能力。

我们这样做

1. 音乐氛围鲜明且富童趣。

针对3—4岁幼儿的特点，教师在创设环境时，依然需要保持温馨而富有童趣的环境。同时，教师还应从区域标志、物品的陈列或展示等方面，渗透音乐元素，渲染音乐氛围，让幼儿在与环境中的物品、材料的互动中，积累对音乐符号等表征信息的认知经验。如下图中，粉色的钢琴地垫，既增加了温馨感，又凸显出音乐区的氛围。再如用可爱、生动的长颈鹿置物架陈列乐器，用卡通火车收纳凳分割区域，既吸引幼儿眼球，又给环境增添了一份童趣。

卡通长颈鹿乐器置物架

童趣小火车

粉色钢琴地垫

开阔的区域入口

图6-1

2. 空间位置明显且场域开放。

随着幼儿年龄的增长，3—4岁幼儿的运动量以及与其他各区交换活动的意识开始逐渐增强。音乐区的空间布局，在保持相对独立且便于活动的基础上，还可以在场域的开放性上稍加调整。如图6-1中，区域入口尽可能开阔些，方便幼儿自由进出，或者将区域位置调整至教室中比较明显的场域，吸引幼儿随时进入。

温馨提示

环境创设中，教师一方面可以结合本班教室的特点，因地制宜地规划区域；另一方面还可以结合幼儿渐进性的发展设计区域。但后期的环境变化应根据幼儿的发展特点与需要，在前期环境创设的基础上酌情进行微调。这样，既能让幼儿在熟悉的环境中驾轻就熟地活动，又能让幼儿对变化或调整后的新环境产生新鲜感。

三、音乐区规则的建立

我们这样想

规则是保障幼儿安全有序活动的必要前提。3—4岁幼儿已初步建立了一定的规则，但因其规则意识发展还不够稳定，仍需要在活动中不断地巩固与加强。随着幼儿年龄、能力及水平的不断发展，我们须从幼儿现有水平出发，不断地调整与完善规则。

我们这样做

1. 巩固挂牌进区规则。

规则虽然可以调整与变化，但对于3—4岁的幼儿而言，有些规则一旦建立，在一段时间内就不要轻易改变，以此可帮助幼儿形成稳固的规则意识。

如"挂牌进区的规则"在此阶段仍可继续延续，以帮助幼儿学会自主判断能否进区，从而形成稳固地自觉遵守规则、履行规则的习惯。这项规则，不仅起到限定人数的作用，还有助于发展幼儿初步的自我监控与自我管理能力。

2. 巩固拿放材料规则。

随着3—4岁幼儿探究欲望的日益强烈，他们与材料互动的机会也日益增多。活动中，他们常常喜欢通过不断地更换材料、摆弄材料，获得自我表现、自我探索的乐趣。但是，他们的注意力易转移，常常会受周围事物影响，而忘却执行一些基本规则，如材料玩完后未能及时归还或未能按类归还等。所以，教师需要帮助幼儿继续巩固拿放材料的规则。同时，教师给幼儿提供摆放材料的橱柜时，也应遵循自主选择、便于取放的原则，为幼儿频繁地与材料互动创造必要的条件。

3. 建立空间位移规则。

3—4岁幼儿，与同伴交往的意愿逐步萌发，他们逐步形成与他人结伴活动的意识。我们不仅要帮助幼儿巩固"找空处"活动的空间共享意识，还要发展幼儿"找空处"活动的空间位移能力。（见图6-2）

随着幼儿活动能力的增强，我们在选择音乐内容时，会适当增加自由分散跑动或两两结伴活动的比重。所以，我们不再要求幼儿一定要站在场地中的圆点上游戏，而会鼓励幼儿学习在场地中央"找空处"自由移动着活动。但在自由移动时，我们会强调"寻找空处"的标准：自由跑动或位移时，自己不会与他人发生碰撞。如在"小兔捉迷藏"游戏中，幼儿跟随音乐学习兔跳时，不仅知道要控制跳的速度，还能避让身旁的同伴，说明幼儿已开始逐步建立与他人保持一定距离的意识，调节空间位置的能力初步发展。

空间位移规则的建立，不仅扩大了幼儿活动的自由度，也

图6-2

满足了幼儿之间相互交流与接触的愿望。但若幼儿需要借助观看视频进行学习，还是可以用地面上的圆点来调节与同伴的空间距离，以保证观看中不相互遮挡。

4. 建立听提示语活动的规则。

3—4岁音乐区的活动内容增多，有的需用乐器，有的需用道具，有的还需边表演边唱歌，不同的活动有各自的规则与要求。我们借助视频或音频演播节目时，常常会在节目的开始、进行或结束部分，录制指导幼儿遵守规则的提示语。如"大家好，欢迎来到音乐长廊，让我们一起快乐嘣嚓嚓！请你们从筐中拿一块手绢，找个空地方站站好！手绢舞的表演就要开始了！"再如"小朋友跳得真好！现在，请你们将手绢还回到筐里吧！接下来，小乐器也想来演奏，请你们挑选一个自己喜欢的乐器，找个空地方坐坐好！让我们一起跟着音乐来演奏吧！"

上述提示语的加入，一方面可以督促幼儿遵守相应的规则，另一方面还可以帮助幼儿了解活动的具体要求，为有目的地参与活动提供方向。随着对节目内容的逐步熟悉，即使教师暂时不在音乐区，幼儿在提示语的指导下，也可以有序、自主地参与活动。

所以，教师应帮助幼儿建立"听提示语活动的规则"，让幼儿借助音乐区视频或音频中的语音提示学习自主拿放材料、参与表演、进区、离区等。

温馨提示

3—4岁阶段是建立稳定规则的关键期。但良好规则的养成，不是一日之功，需要日常生活中的点滴培养。如"找空处"的规则，可以渗透在早操韵律、体育锻炼、躲闪游戏等各项活动中。所以，规则一旦建立，不要轻易改变，应让规则实施一段时间后，根据幼儿的活动需要再做调整。

四、音乐区的材料与内容

我们这样想

随着3—4岁幼儿自我意识的逐渐萌芽，他们与环境中的人、事、物进行互动与对话的愿望日益强烈。针对其好奇、好动、好模仿、好表现的特点，我们在提供活动材料、选择活动内容时，不仅要考虑其适宜性，还要从经验、能力、发展需要上进行拓展，吸引幼儿的主动参与，促进幼儿的自主表达。

我们这样做

1. 提供便于幼儿演奏的打击乐器。

3—4岁阶段，教师为幼儿选择乐器时，除了可以从易于抓握、便于演奏方面考虑外，还可以从音色的拓展上考虑，为幼儿增添合适的打击乐器。2—3岁阶段提供的串铃棒、沙锤、手摇铃等乐器，在此阶段仍可沿用。随着幼儿手指、手腕动作协调性、灵活性的逐步发展，教师还可以陆续增加木鱼、碰铃、铃鼓等乐器，让幼儿通过感知不同乐器的音色特点，刺激幼儿感官的敏锐度，拓展辨别音色的经验与能力。教师提供铃鼓时，可先选择轻便小巧的塑料铃鼓（见图6-3），随着幼儿手腕灵

图6-3

活度的提高，再更换稍重的木质羊皮鼓面的铃鼓。

2. 提供简便易行的PPT节目菜单。

随着幼儿自我意识的逐步发展，他们开始有了自己的想法与偏好，尤其对于自己喜爱的活动，会表现出一定选择性与倾向性。针对幼儿现阶段特点，教师可以将幼儿喜欢的音乐内容制作成音频或视频文件，并借助多媒体

技术，为幼儿自主选择节目、参与活动提供便利。

随着信息化时代的到来，日常活动中，教师经常会用PPT在电脑或电视上播放视频、音频等教学内容，将这项技术用于音乐区的节目单制作也恰到好处。

根据幼儿的年龄特点与兴趣需要，在制作PPT节目单时，可事先将选择好的、幼儿熟悉或喜爱的音乐，逐一插入到PPT页面上，这便会生成一个个喇叭式的声音按钮。然后，在声音按钮下方或旁边，再插入与作品相匹配的图标。活动时，只要用鼠标点击小喇叭按钮，音乐便能播放出来。（见图6-4）

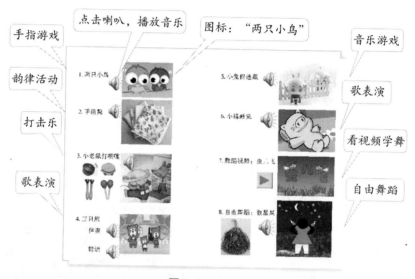

图6-4

3—4岁幼儿因年纪尚小，用鼠标点播节目的任务最初还须由教师承担。如果使用图6-4中独立式节目单，虽然可以满足幼儿自选节目与反复点播的意愿，但因每个节目的时间都较短，教师须时刻守候在此区，帮助幼儿点播节目，而无法兼顾其他区域的活动。

所以，活动初期，教师可以将PPT节目单制作成组合式节目单（见图6-5），即以每四个音乐节目为一组，将四个不同类型的音乐连接在一起，合并成一组完整的声音文件，然后再将一组组完整的声音文件插入PPT中，也会生成一个个小喇叭声音按钮，只要用鼠标点击小喇叭，就会连续播放四首音乐。

第一组音乐
游戏：两只小鸟
韵律：手绢舞
打击乐：老鼠打喷嚏
歌唱：三只熊

第二组音乐
打击乐：老鼠打喷嚏
韵律：三只熊
游戏：小兔捉迷藏
歌唱：小猪睡觉

点击此处，可连续播放相应的四首音乐

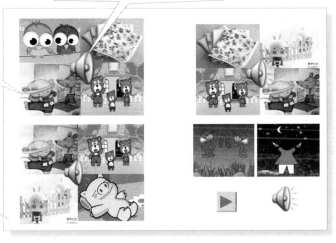

图6-5

图6-5中组合式节目单上，每一组节目不仅可将音乐串联其中，还可将这一组四个节目之间衔接的指导语也串联其中，以保证每一组节目可玩5—6分钟。为了预防3—4岁幼儿在音乐区过度活动而出现兴奋的现象，教师可将节目单设计成最多可选择两组节目，活动时间一般为10—15分钟。

活动初期，使用这种组合式节目单，不仅能让幼儿直观地了解音乐区的活动内容，还能为他们日后自主点播节目奠定基础。同时，这也让教师能利用节目之间的间隙时间，较好地兼顾其他区域的活动。

3. 增加类型多样的音乐作品。

随着3—4岁幼儿自我意识的增强，他们不再满足于仅跟随教师或视频进行模仿学习，他们更渴望通过不同类型的音乐活动，体验自由结伴、自主选择及自我表达的乐趣。针对幼儿的特点，教师不仅要筛选符合幼儿年龄特点的音乐作品，还要不断丰富与拓展作品的类型、数量，以满足幼儿自我发展的需要。

教师可以从幼儿熟悉或喜欢的音乐作品中，筛选不同类型的活动，拓展幼儿的经验，满足其自我表现、自主选择等需要。

如前面所提到的独立式节目单，教师不仅提供了打击乐、歌表演、音乐游戏、韵律活动等类型的活动内容，还提供了"看视频学舞"和"自由舞蹈"的表演方式，让他们能够根据自己的喜好自选相应的内容进行活动。

节目单中的八个活动，不是一次性呈现的，而是逐渐累加、丰富的。最初，教师给幼儿提供的节目一般为3—4个。随着学习内容的不断增多，教师可将幼儿熟悉、喜欢的内容逐渐补充至PPT节目单中。

另外，活动后期，教师在独立式节目单中可增加"看视频学舞"与"自由舞蹈"内容。因为在"看视频学舞"中，幼儿可以观察、模仿专业舞蹈者的舞姿与动作，有助于积累和丰富相关舞蹈语汇。而"自由舞蹈"可以为幼儿提供自我表现、自我娱乐的机会。所以，增加这两种活动内容，有利于不同能力与水平的幼儿获得个性化的发展。

温馨提示

年龄越小的幼儿，对熟悉的活动越有安全感与亲近感。教师调整活动内容时，不要将所有内容全部更换，应采用逐一增加、逐一更换的方式，让幼儿在不断熟悉新活动的过程中，慢慢将以往的内容逐个替换。尤其在3—4岁初期，音乐区仍可以延续2—3岁时"看本班教师表演的视频"游戏，直到增加新的活动内容后，再慢慢替换到新的节目单中。

五、音乐区的教师指导

我们这样想

3—4岁幼儿独立自主意识开始萌芽。随着对环境中人、事、物的逐步适应，他们开始能逐渐摆脱对成人的依赖，并尝试自主地参与活动。随着身体各部位机能的逐步发展，他们运用环境中的材料进行创造性表达的能力也逐步提高。

1. 指导幼儿学习正确使用打击乐器的方法。

随着幼儿动作灵活性与协调性的发展，我们可以在打击乐器的使用上给幼儿提出要求。在幼儿自主探索乐器玩法的同时，我们还应教给幼儿正确抓握、演奏乐器的方法，以拓展幼儿演奏乐器的经验。

如幼儿在使用串铃棒、沙锤、手摇铃等乐器时，教师除了可以引导他们用摇奏的方法玩乐器外，还可引导其用此类乐器敲击身体各个部位（手、腿、胳臂等），探索声效的变化，感知一下一下有节奏地敲击方法，体验创造性地玩乐器的乐趣。

再如，幼儿使用木鱼、碰铃、铃鼓等，教师可以用镜面示范的方式帮助幼儿学习正确抓握乐器的方法。使用木鱼时，教师应引导幼儿右手拿木鱼棒，左手握住木鱼的尾部，并用木鱼棒敲击木鱼头部发声（见图6-6）；使用碰铃时，教师应引导幼儿握住碰铃的手柄中部，并与碰铃的铃铛空出一段距离，以利发声（见图6-7）；使用铃鼓时，教师要引导幼儿张开右手掌，握住鼓边，并让鼓面与左手手心相对。（见图6-8）

图6-6

图6-7

图6-8

除了抓握乐器的方法，演奏乐器时，教师还可以用直接示范的方式，引导幼儿在动作力度、动作幅度上进行模仿练习，控制乐器的声音，避免力度过大而发出噪音或破音，或因力度过小而发不出声音。

区域活动中，教师及时地观察与指导，不仅能够有针对性地帮助幼儿学会用正确的方法使乐器发出和谐的声音，而且能让他们在操作乐器的过程中，使手腕、手臂动作获得协调的发展。

2. 帮助幼儿逐步建立看节目单选活动的意识。

随着幼儿独立自主意识的逐步发展，在面对节目单中不断丰富的活动内容时，幼儿逐渐出现对某一活动的偏好，并开始用"我想玩……"的语句表达自己的选择意愿。针对此阶段幼儿的特点，教师在活动中应引导幼儿在观察节目单的基础上，先表达自己的需求，再做出选择。

如图6-9所示的组合式节目单中，幼儿进区前，教师可以集体教学的形式，引导幼儿先看懂节目单，了解每组节目单中的图片所对应的活动内容。幼儿进区后，教师通过提问"你们想先玩哪一组活动？是第一组，第二组，还是第三组？"引导幼儿尝试做选择。

组合式节目单中1、2、3分别代表一组节目，幼儿自主点击红、绿、蓝的圆形按钮，即可播放相应的节目

图6-9

最初，幼儿在选择节目时，即使会告诉教师自己想要表演的节目，但这种选择也只是一种无意识的行为表现。此时，他们大多只能关注到跟着音乐一起玩，而无暇顾及选择的意义或由谁来选。

但随着幼儿对活动的熟悉，在教师反复强化自选行为的基础上，幼儿会逐渐形成自我选择的意识。

温馨提示

1. 3—4岁幼儿活动初期，点播节目的任务由教师承担为宜。活动后期，随着幼儿对此类活动内容、活动形式熟悉度的增加，有条件的园所，在音乐区若投放的是电子触摸屏，教师还可以指导幼儿用手指或电子感应棒触摸屏幕中的按钮，实现自主点播节目。

2. 若有的园所是用电脑连接电视，依靠鼠标来点播节目的，活动后期，随着幼儿能力的增强，教师还可以教幼儿学用鼠标，尝试点播节目。为了方便幼儿操作，教师可以在鼠标的左键上事先贴一个标记，以帮助幼儿明确双击鼠标的位置，从而实现自主点播。（见图6-10）

五角星提示点击的位置

图6-10

六、案例分析

指导语成就规则

"小朋友们，你们好！欢迎来和音乐做游戏！请大家找个空点站站好，游戏马上就要开始了！"随着录音喇叭里传来的声音，几位幼儿陆续套上小花牌（区域标记），并下意识地看了看地面上的点，等待着游戏开始……

"看！两只小鸟飞来了！请你伸出两根手指，变出两只小鸟吧！"随着

录音中的提示音，几位幼儿各自伸出了两根手指，一边唱歌，一边表演手指游戏。

一曲终了，一位幼儿喊道："下一个手绢舞！"说着，点击了屏幕中的小喇叭，随即提示音再次响起："你们会用手绢捉迷藏吗？请你们每人拿一条手绢，跟着音乐来跳手绢舞吧！"

幼儿纷纷快速地从置物柜里选取了一条手绢，做好等候舞蹈的准备。

玩了4—5个游戏后，音乐区中，有幼儿离开，也有幼儿进入。这时，只听梦瑶喊道："聪聪，你的小花牌还没还呢！"

"哦，我忘了！"聪聪一边摸着脑袋，一边赶快取下花牌挂在挂钩上。

随后，陆续又有幼儿进入音乐区游戏，但活动结束时，还是会有个别幼儿忘记归还挂牌。

看来，游戏结束环节，也应该有相应的提示语来提醒幼儿做好离区的准备。

于是，我们进行了如下调整。

1. 重新录制结束语："游戏就要结束了，请大家取下小花牌，把它送回家！"

2. 以四个不同类型的音乐作品为一组，在活动开始、进行、结束都配上相应的指导语。

一周后，幼儿用上了重新录制与调整的音乐节目，在提示语的指导下，他们不仅能够自如地游戏，而且忘记归还挂牌的现象明显减少，直至消失。

由此可见，指导语对于幼儿规则与习惯的养成能起到重要作用。

教师反思

以往，教师们比较重视在游戏开始和过程中设计指导语。在我们的意识中，常认为，活动前的指导语，可以起到渲染氛围、激发幼儿兴趣的作用；活动中的指导语，可以起到过渡前后节目、提示幼儿选择材料或道具的作用。而活动结束后，幼儿会自然离开区域，所以，指导语有或没有，不是太重要。有时，有的教师为了保持指导语的前后呼应，会以"游戏就要结束了，下次再来玩吧！小朋友们再见！"作为指导语，结束当下的活动，其实此处的指导语只能算作结束语。

经过上述事例，我们认识到，指导语的使用应贯穿于整个游戏的开始、进行与结束等环节。指导语不仅应具备渲染气氛、提示玩法的作用，还应帮助幼儿养成规则。越是低龄的幼儿，越需要依靠指导语强化规则，从而养成良好的行为习惯。所以，教师在区域指导中应重视对不同环节中指导语的设计。

第二节 音乐区活动实例

活动一 音乐区真好玩

【核心经验】

1. 喜欢在音乐区听音乐或看舞蹈，跟随熟悉的音乐做动作。

2. 学习在空间位移时找空处走动或跑动，初步感受音乐活动中空间位移的经验。

【相关经验】

社会领域：巩固站圆点游戏的规则，愿意与同伴共享活动空间。

【活动准备】

1. 在音乐区地面上贴4—6个散点，点与点之间的距离能够保证幼儿有足够的活动空间，每个圆点与电视机（或电脑）有一定的距离，注意保护幼儿的眼睛。圆点前后交错，便于幼儿观看视频（见图6—11，根据音乐区可容纳幼儿人数确定点的数量）。

图6-11

2. 音乐区视频素材，可在电视机或电脑上播放，供幼儿观看、模仿学习（音频资料也可）。

3. 提示幼儿站点的视频（或音频），保存于U盘中。

视频（或音频）中教师的提示语："请宝宝们挂上小花牌，找一个圆点站站好，好玩的音乐游戏就要开始啦！"

4. 如使用视频资料，可准备电脑或可插接U盘的电视机一台；如使用音频资料，可准备数码播放器一台。

【玩法说明】

幼儿在参与音乐区活动时知道要站在圆点上玩音乐游戏，当有空间位移时，会找空处走动或跑动。（见图6-12）

图6-12

【活动指导】

观察指导要点。

（1）教师观察幼儿活动情况，如果幼儿没注意站在点上，当一曲结束时提醒幼儿站在点上游戏。

（2）教师引导幼儿知道站在圆点上看视频，要与电视机（电脑）保持一定的距离，以利于保护自己的眼睛，同时也避免同伴间互相遮挡视线。

（3）当音乐游戏中有空间位移的需要时，教师鼓励幼儿自由找空地走动或跑动，并能够相互避让。

（4）教师及时表扬会找空地方走动的幼儿，引导幼儿向同伴学习，找空地方游戏。

活动二　和乐器一起游戏

【核心经验】

初步学习使用铃鼓、小铃、木鱼等乐器进行演奏，感受音乐节奏。

【相关经验】

社会领域：巩固看照片标记取放乐器的规则。

数学领域：感知归类和对应。

【活动准备】

1. 贴好照片标记的乐器柜。

2. 没有鼓面的铃鼓6个、木鱼6个、小铃6对（见图6-13，同种乐器的数量与音乐区可容纳幼儿的数量相同即可）。

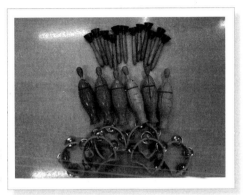

图6-13

3. 选择集体活动中学习过的歌曲录音（本活动以歌曲《我爱我的幼儿园》为例）。

4. 提前录好提示语。

乐曲开始前："小朋友们，你们喜欢上幼儿园吗？快去乐器架上选一个你喜欢的小乐器，我们一起为《我爱我的幼儿园》伴奏吧！（给幼儿一些拿乐器、站点的时间）准备好了吗？我们要开始啦！"

乐曲结束时："请宝宝们看好标记，把小乐器送回家！"

【玩法说明】

幼儿在录音的提示下，自选一件乐器，为乐曲伴奏（见图6-14），音乐结束时学习看照片标记送乐器回家。（见图6-15）

图6-14

图6-15

【活动指导】

1. 集中介绍。

教师带领幼儿认识铃鼓、木鱼、小铃，鼓励幼儿和乐器问好，说出乐器的名称。

2. 观察指导要点。

（1）教师观察幼儿选择乐器的情况，引导幼儿说出所选乐器的名称。

（2）如果幼儿不注意倾听提示语，教师可用问题"听听说什么了？怎么做呢？"提醒幼儿仔细倾听录音提示语。

（3）教师观察幼儿拿乐器或使用乐器的情况，给予有针对性的指导，如用动作带动幼儿正确抓握乐器、合拍地演奏乐器等。

（4）教师观察幼儿收放乐器的情况，适时引导幼儿观察乐器柜上的照片标记，鼓励幼儿按照标记收放乐器。

（5）教师鼓励幼儿尝试演奏不同的乐器，体验演奏乐器的乐趣，进一步巩固看照片标记收放乐器的常规。

活动三　跟着老师一起唱

【核心经验】

能够仔细倾听录音中教师演唱的歌曲，尝试和教师一起唱歌。

【相关经验】

社会领域：体验和教师互动的乐趣。

【活动准备】

1. 选择幼儿熟悉的歌曲，如《我爱我的小动物》，由教师演唱歌曲，钢琴完整伴奏，录制成音频资料，保存于U盘中。

2. 数码播放器一台。

3. 提前录好教师的提示语。

活动开始前："叽叽叽，谁来啦？（鼓励幼儿回答）请小鸡宝宝们做好准备，我们一起来唱《我爱我的小动物》！"

在间奏处教师可模仿小动物的叫声，提醒幼儿做好相应的准备，并带领幼儿替换歌词，多次演唱。

【玩法说明】

幼儿倾听录音，和录音中的教师共同演唱歌曲。（见图6-16）

图6-16

【活动指导】

1. 集中介绍。

（1）教师播放录音，鼓励幼儿仔细倾听录音中的提示语，了解活动内容。

（2）教师鼓励幼儿活动时跟随录音中的音乐一起唱歌、做动作。

2. 观察指导要点。

（1）教师观察幼儿倾听录音提示语的情况，鼓励幼儿大方地回答录音中教师的问题，做好演唱准备。

（2）教师观察幼儿与录音的互动情况，如幼儿不注意听伴奏，可提醒或带动幼儿仔细倾听录音中的钢琴伴奏，能跟着教师一起唱。

（3）教师观察幼儿在间奏处的准备情况，如幼儿无意识，可提示幼儿倾听提示语，观察同伴动作，做出小动物的模仿动作。

活动四　走走唱唱

【核心经验】

通过倾听音频中教师模仿的小动物叫声，尝试有节奏地模仿小动物走和叫。

【相关经验】

社会领域：走动中注意与同伴保持一定的距离，不碰撞。

【活动准备】

1. 选择在集体活动中学习过的歌曲，如《小动物走》。

2. 录制音频：歌曲开始前教师用声音模仿某种小动物的叫声，引导幼儿知道即将表现的小动物，并做好准备。在间奏处换一种小动物的叫声，如此循环两遍，钢琴完整伴奏（即表现三种小动物）。录好的内容保存于U盘中。

音频中教师的提示语："喵喵喵，谁来啦？小动物们都来和我们玩游戏啦！它们是怎样走路、怎样叫的呢？我们一起来学一学！"

音频中间奏处教师的提示语："呷呷呷，还有谁来啦？请宝宝们快做好准备！"（小动物的叫声可以替换）

3. 数码播放器一台。

【玩法说明】

幼儿倾听音频，根据音频中教师的提示，尝试模仿相应小动物的走路姿势，在钢琴伴奏下一拍一下地走步，并在每一乐句的后半句演唱出相应小动物的叫声，走动过程中知道找空地。（见图6-17）

图6-17

【活动指导】

观察指导要点。

（1）教师观察幼儿是否注意倾听音频，并愿意模仿小动物走和叫。

● 如果幼儿不注意听，教师用语言、眼神提示幼儿注意倾听。

● 如果开始时幼儿不愿意参与，教师可等待一段时间，给幼儿适应的过程，如幼儿仍不愿参与，教师可陪伴鼓励幼儿模仿小动物走和叫。

（2）教师观察幼儿合乐情况，针对合乐做动作有困难的幼儿，教师可运用体态或语言进行带动。

（3）教师提醒幼儿在走动中找空地方，并注意避让同伴，有和同伴保持一定距离的意识。

【活动延伸】

为了增加幼儿的活动兴趣，教师可以用同样的音乐替换不同种类的小动物。

活动五　拉个圆圈走走

【核心经验】

学习边唱歌边拉成圆圈顺一个方向合拍地走一走。

【相关经验】

社会领域：体验和同伴共同游戏的乐趣。

数学领域：感知空间位置。

【活动准备】

1. 选择在集体活动中学习过的音乐作品，如《拉个圆圈走走》。

2. 教师提示语、教师演唱歌曲《拉个圆圈走走》（钢琴伴奏），录制好保存于U盘中。

音频中教师提示语："小手拉小手，大家手拉手儿围个圆圈走走。（等待约10秒，给幼儿拉手准备的时间）准备好了吗？我们要开始啦！"

3. 数码播放器一台。

【玩法说明】

幼儿根据音频中教师的提示语，手拉手围成一个圆圈，听着音频中的歌声，尝试围成圆圈唱一唱、走一走，在歌曲最后一句的句末，按照歌词提示拉圆圈蹲下。（见图6-18）

【活动指导】

观察指导要点。

图6-18

（1）教师播放音频，观察幼儿倾听、理解音频提示语的情况。如果幼儿拉圆圈有困难，教师给予及时的协助，提醒幼儿把所有同伴都拉上。

（2）教师观察幼儿拉手围成圆圈行进的情况。活动初期，幼儿可能只顾自己走不唱歌，方向也会不一致，教师不要急于要求幼儿唱歌，可用语言提示幼儿拉手朝一个方向走，和同伴一起走，注意保持圆圈的队形。

（3）待幼儿逐渐熟悉后，教师可鼓励幼儿边唱边走，表扬活动过程中能与同伴保持适当距离的幼儿。

（4）教师观察幼儿是否按照歌曲的节奏走，如果幼儿跟随节奏有困难，教师可用突出节奏的伴唱及体态提示幼儿有节奏地走。

活动六　小娃娃

【核心经验】

能边唱歌边做表演动作，动作较合拍。

【相关经验】

社会领域：和同伴共享活动空间。

【活动准备】

1. 幼儿集体学习过歌曲《小娃娃》，教师演唱并录制成音频，保存于U盘中。

歌曲开始前教师提示语："小娃娃，真可爱！快去抱起小娃娃，和它一起玩游戏吧！（等待约10秒，给予幼儿充分地抱好布娃娃的时间）准备好了吗？我们要开始啦！"

歌曲结束时教师提示语："小娃娃要休息了，别忘了把它送回家！"

2. 数码播放器一台。

3. 布娃娃人手一个（数量与音乐区可容纳幼儿人数相等即可）。

【玩法说明】

幼儿在音频提示下，尝试边唱歌边根据歌词合拍地做表演动作。（见图6-19）

【活动指导】

1. 观察指导要点。

（1）教师播放音频，观察幼

图6-19

儿倾听提示语的情况，如个别幼儿没有抱好布娃娃，教师可适当提供帮助。

（2）教师观察幼儿歌表演的情况，运用身体动作带动幼儿合拍地做表演动作。

（3）教师观察幼儿能否在提示语的提醒下，在游戏结束时将布娃娃送回原来的地方。

2.分享交流。

（1）教师邀请在音乐区玩"小娃娃"游戏的幼儿上前表演、展示，其他幼儿观看。

（2）教师引导幼儿知道歌曲结束后要将布娃娃送回家。

　　歌表演的动作最好来源于集体活动中幼儿的动作创编，只要动作符合歌词内容，同时易于小班幼儿一拍一下地做即可。这样的动作不仅便于幼儿记忆，同时更能激发幼儿参与歌表演的兴趣。

活动七　袋鼠妈妈

【核心经验】

学习两两结伴歌表演，模仿袋鼠跳时动作较合拍。

【相关经验】

社会领域：愿意与不同的同伴结伴游戏。

【活动准备】

1.幼儿学习过歌曲《袋鼠妈妈》。

2.教师在钢琴伴奏下演唱歌曲，并录制成音频，保存于U盘中。

歌曲开始前教师提示语：

教师1说："我是袋鼠宝宝！"

教师2说："我是袋鼠妈妈！"

两位教师一起说："让我们一起跟着音乐唱唱、跳跳，相亲相爱！"

歌曲演唱一遍结束后，可以请幼儿交换角色再次游戏。

3. 数码播放器一台。

【玩法说明】

幼儿两两结伴，扮演袋鼠宝宝和妈妈，一前一后同方向站立，"妈妈"双手扶住"宝宝"的肩膀，共同跟随歌曲边唱边有节奏地跳，最后一句互相拥抱。（见图6-20、图6-21）

图6-20

图6-21

【活动指导】

1. 观察指导要点。

（1）教师播放音频，观察幼儿倾听音频提示语的情况，是否能两两结伴，准备好开始游戏。

（2）教师观察幼儿结伴游戏的情况，适时提醒幼儿注意控制与同伴的距离，保持舒适的活动空间。

（3）如果幼儿在选择角色时发生矛盾，教师可适度调解，引导幼儿知道在接下来的环节中可以交换角色进行游戏。

（4）教师引导幼儿做"相亲相爱"的动作时注意控制力度。

（5）待幼儿比较熟悉该游戏后，教师用手势、体态、语言提示幼儿两人协调地跟随节奏跳。

2. 分享交流。

教师邀请幼儿表演两人协调有节奏地跳，引导其他幼儿欣赏。

活动八　跟着电视来跳舞

【核心经验】

愿意模仿、学习视频中的小朋友跳舞，感受跟随音乐舞动身体的乐趣，丰富动作语汇。

【相关经验】

社会领域：和同伴共享活动空间。

【活动准备】

1. 选取适合3—4岁幼儿模仿、学习的幼儿成品舞片段3—4个，制作成PPT。在PPT的首页上设置与每个成品舞相对应的图标（见图6-22），便于点击图标进入该成品舞视频，将PPT保存于U盘中。

2. 电脑一台，鼠标一个，可连接电脑的电视机一台。

图6-22

【玩法说明】

幼儿请教师协助用鼠标点击PPT中的节目菜单按钮，播放自己喜欢的成品舞视频，并跟随视频一起舞蹈，体验舞动身体的快乐。（见图6-23）

【活动指导】

1. 观察指导要点。

（1）教师在音乐区播放舞蹈视频，观察幼儿观看视频的情况，了解幼儿是否愿意跟随视频学习舞蹈。

图6-23

● 如果幼儿开始时只观看不跟随，教师可等待，不提醒，给幼儿充分欣赏的时间。

● 待一段时间后，教师用语言、动作鼓励幼儿和视频中的小朋友一起跳一跳，以夸张的语气、表情表扬跟随跳舞的幼儿。

（2）教师鼓励幼儿大胆地说出自己想要观看、模仿学习的舞蹈，教师协助播放。

（3）当幼儿反复学习、熟悉舞蹈动作后，教师可尝试只播放音频，鼓励幼儿自己听音乐跳舞。

2. 分享交流。

（1）教师鼓励幼儿说一说自己想要观看、模仿、学习的舞蹈内容，教师点击播放，全班幼儿共同欣赏视频，激发他们参与表演的兴趣。

（2）教师请参加舞蹈表演的幼儿在全班幼儿面前边看视频边表演，或只听音频表演，给予他们展示的机会。

【活动延伸】

教师平时要注重收集优秀的幼儿成品舞，选取适合3—4岁幼儿模仿、学习的片段，制作成3—4个类似的PPT，供幼儿选择使用，激发幼儿跳舞的兴趣。

活动九　大雨小雨

【核心经验】

尝试探索乐器的不同演奏方法，如摇奏、拍奏、轻轻地敲击、重重地敲击等，表现不同的雨声。

【相关经验】

健康领域：发展手部动作的协调能力。

【活动准备】

1. 铃鼓、串铃等乐器各4—6个（数量与音乐区可容纳幼儿人数相等）。

2. 幼儿学习过歌曲《大雨小雨》，教师在钢琴伴奏下，边演唱边演奏乐器，录制成音频，保存于U盘中。

歌曲开始前教师的提示语："下大雨啦！下小雨啦！请宝宝们选择一件自己喜欢的小乐器，为歌曲《大雨小雨》伴奏吧！（给幼儿一定的时间拿乐

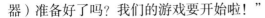

器）准备好了吗？我们的游戏要开始啦！"

歌曲结束时教师的提示语："请宝宝们看好标记，把小乐器送回家！"

3. 数码播放器一台。

【玩法说明】

幼儿自选一件乐器，如铃鼓，跟随音频演唱歌曲，在歌曲唱到"哗啦哗啦"处，随乐摇奏铃鼓，表现下大雨的音色和节奏；在歌曲唱到"嘀嘀嗒嗒"处，随乐轻轻敲击铃鼓，表现下小雨的音色和节奏，知道在歌曲的其他乐曲，小乐器不发出声音。

【活动指导】

观察指导要点。

（1）教师观察幼儿倾听音频选择乐器的情况，提醒幼儿每次只拿一件乐器。

（2）教师观察幼儿倾听音频演奏的情况，如演奏的合乐性、乐器的抓握姿势等。

● 如果幼儿合乐有困难，教师可提醒幼儿注意倾听音乐，并用动作带动提示。

● 如果幼儿抓握乐器的姿势不正确，教师要示范指导，或帮助幼儿纠正。

（3）教师观察幼儿能否用不同的演奏方式表现不同的雨声。

● 如果幼儿有困难，教师可引导幼儿边倾听音乐边观察同伴的演奏，明确大雨时和小雨时分别用摇奏乐器和轻轻拍乐器的方式演奏。

● 如幼儿仍有困难，教师可用动作带动幼儿演奏。

（4）音乐停止时，教师观察幼儿能否倾听提示语，看标记，将乐器送回家。

（5）教师鼓励幼儿换1—2种乐器试一试，观察幼儿换乐器的情况，并给予他们有针对性的指导。

活动十　我爱跳舞

【核心经验】

尝试运用肢体动作结合小道具，表达自己对歌曲的感受，体验自由舞蹈的快乐。

【相关经验】

社会领域：与同伴共享活动材料。

【活动准备】

1. 选择幼儿熟悉的，但未在集体活动中学习过的歌曲，如《小燕子》，添加在原有音乐区音频材料中，保存于U盘。

歌曲开始前教师的提示语："请宝宝们选择一件自己喜欢的小道具，准备好，我们要开始跳舞啦！"

歌曲结束时教师的提示语："舞蹈表演结束啦，请宝宝们把道具送回家！"

2. 便于小班幼儿使用的道具若干，如彩带、纱巾、浴球花等。

3. 数码播放器一台。

【玩法说明】

幼儿在音频的提示下自选一件小道具，边听歌曲录音，边随音乐自由舞蹈。（见图6-24）

图6-24

【活动指导】

1. 集中介绍。

（1）教师播放音乐，用语言鼓励幼儿跟随音乐自由舞蹈。

（2）教师出示道具，鼓励幼儿可以选择自己喜欢的道具进行表演。

2. 观察指导要点。

（1）教师观察幼儿根据音频提示选择小道具的情况，提醒幼儿每次只拿一件道具。

（2）教师观察幼儿倾听歌曲进行自由舞蹈的情况，鼓励幼儿大方地用自己想到的动作进行表演。

（3）教师提醒幼儿在使用道具的过程中，注意控制动作的幅度，避免碰到其他幼儿。

（4）歌曲结束时，教师观察幼儿能否倾听提示语，将小道具送回家。

（5）再次舞蹈时，教师鼓励幼儿选择不同的道具进行表演，观察幼儿使用道具的情况，进行有针对性的指导。

3.分享交流。

（1）教师请参加自由舞蹈表演的幼儿在全班幼儿面前边听音乐边跳舞，激发其他幼儿参与该活动的兴趣。

（2）表演结束后，教师请幼儿将道具送回原处，全班幼儿学习，明确道具从哪里拿的放回哪里去的规则。

活动十一　我会选节目

【核心经验】

能跟随音乐唱歌、做身体动作，感受和体验乐曲的节奏以及随乐活动的乐趣。

【相关经验】

语言领域：能大方地说出自己选择的节目，倾听并能理解提示语言。

【活动准备】

1.教师将幼儿在集体音乐活动中学习过的音乐作品和适合3—4岁幼儿模仿、学习的舞蹈视频串联在一起，制作成三套节目菜单（见图6-25），供幼儿选择。

节目单 1

节目单 2

节目单 3

图6-25

2.电脑一台，可以连接电脑的电视机一台。

3.表演节目中需要使用的乐器、道具等。

节目单1：咯咯咯、生活模仿动作、苹果、猴子爬树、再见曲

节目单2：我爱你、我爱我的小动物、小手爬、再见歌

节目单3：加油加油、热身舞蹈、放松舞蹈、手绢舞、再见

【玩法说明】

1.教师询问幼儿想要表演哪套节目，鼓励他们说出代表该套节目的颜色标记（也是对应的链接按钮），并帮助幼儿点击该标记，播放该套节目。

2.幼儿跟随视频、音频进行表演。

【活动指导】

1.集中介绍。

（1）教师出示PPT，带领幼儿共同看节目图标，请幼儿说一说该图标表示的活动内容。

（2）教师有选择地演示PPT，告诉幼儿不同的颜色标记包含不同的节目内容，可以自己选择。

2.观察指导要点。

（1）教师通过询问"你想选择哪套节目？"鼓励幼儿大胆地说出想法。

● 如果幼儿说出自己选择的颜色标记，教师可协助点击该标记，播放该套节目。

● 如果幼儿不说，教师可以让幼儿上前指一指颜色标记，再鼓励幼儿说出自己想选择的内容，教师协助点击该标记，播放该套节目。

（2）教师观察幼儿倾听提示语的情况，并给予具体的指导。

● 如果幼儿没有按照提示语取放乐器或道具，教师提醒幼儿倾听提示语，自己调整。

（3）教师观察幼儿活动的情况，根据幼儿合乐情况、道具使用情况、乐器使用情况等进行有针对性的指导，如引导幼儿观察同伴动作，用语言提醒以及用手势、体态暗示和带动等。

（4）一套节目表演结束后，教师可鼓励幼儿尝试选择其他节目菜单，继续游戏。

【活动延伸】

教师可以根据幼儿的活动情况及所学音乐活动，不断更换、丰富节目菜单的内容。

小贴士

1. 在选择每套节目内容时，教师要兼顾各种类型的音乐活动，活动与活动之间要空出幼儿准备的时间以及归还乐器、道具等物品的时间。

2. 教师应鼓励幼儿在表演一套节目的中途不要离开，一套节目表演结束可以再选择其他节目，或者其他区域活动。

第七章
美术区

第一节　美术区的建构与指导

一、美术区的价值

　　《指南》中指出"幼儿艺术领域学习的关键在于充分创造条件和机会，在大自然和社会文化生活中萌发幼儿对美的感受和体验，丰富其想象力和创造力，引导幼儿学会用心灵去感受和发现美，用自己的方式去表现和创造美"。幼儿美术教育作为幼儿园艺术教育领域的重要组成部分，普遍受到重视。教师不仅设计和组织各种丰富的美术集体活动，还在其他领域及日常活动中渗透美术教育，美术区的创设也越来越受到关注。

　　美术区是教师依据美术教育目标、课程内容，遵循幼儿年龄特点和发展水平，有目的、有计划地创设美术环境，提供幼儿感兴趣的多样化的美术活动材料和内容，以促进幼儿自主地与环境、材料、同伴充分互动，使幼儿获得个性化学习与发展的游戏区域。它是实现美术教育目标的有效途径，是实施美术教育内容的重要环节，也是落实美术教育任务的重要手段。

　　美术区宽松自由、自主开放，是幼儿园美术集体教学形式的一种延伸和拓展，同时作为幼儿园美术教育活动独特的活动内容，占有不可或缺的一席之地，美术区以幼儿兴趣为本，以开展自由操作性的美术活动为主，让幼儿在玩中思考、探索、尝试，体验色彩变化和创作的乐趣，逐步积累美术经验和技能，有助于凸显"感受与欣赏""表现与创造"这两大核心，有利于实现其对幼儿"感受美、欣赏美、表现美、创造美"等方面的独特价值。

1. 美术区以情感熏陶和兴趣萌发为重点，满足每一位幼儿审美体验的需求。

美存在于每个人身边，存在于幼儿周围每一个事物中。美术区的创设，应以"情感熏陶和激发兴趣"为核心，通过展示丰富的艺术作品、运用多样的表现形式，营造具有艺术感的意境，创设具有审美情趣的空间，满足幼儿对美好事物的憧憬和向往，并始终伴随于幼儿的活动之中，自然渗透于幼儿的创作之中。教师通过设置富有情趣的游戏情境，引导幼儿发现环境中各种艺术作品所具有的独特美，感受不同表现形式所营造的意境美，吸引幼儿主动参与，积极投入到美术区活动之中，不断激发幼儿对美术活动的兴趣，获得审美体验，促进身心愉悦发展。

2. 美术区以材料丰富和形式多样为原则，以满足不同层次幼儿个性化活动的需要。

幼儿天生是个艺术家，涂涂画画、做做玩玩是幼儿展现自身情感、认知和想法的方式之一。《指南》的"艺术领域"中指出"幼儿对事物的感受和理解不同于成人，他们表达自己认识和情感的方式也有别于成人"。幼儿个性有别、兴趣需要不同、能力发展也存在着差异。在自由开放的美术区中，丰富多样的操作材料满足了不同层次幼儿的需要，他们可根据自己的兴趣、能力和经验，自主选择、创造性地综合运用美术材料，开展玩色绘画、造型探索、想象制作等多样化的美术活动，体验色彩、线条、立体造型等个性化的艺术表现方式。教师可以有意识地观察幼儿的创作过程，关注不同经验、不同能力的幼儿，针对个体差异，给予个性化的指导和帮助，可以不追求千篇一律，不苛求"个别精英"的培养，采取适用于每一个独特个体需求的策略，满足不同层次幼儿活动的需要。

3. 美术区以大胆想象和自由创造为核心，满足幼儿创造性表现的需要。

在幼儿的世界里，一切都是有生命的，有感情的，这就是他们与生俱来的想象能力。《指南》中的"艺术领域"中指出"幼儿艺术领域学习的关键在于充分创造条件和机会，在大自然和社会文化中萌发幼儿对美的感受和体验，丰富其想象力和创造力，引导幼儿学会用心灵去感受和发现美，引导幼儿用自己的方式去表现和创造美"。因此，美术区中，教师并不以成人的审美标准评判幼儿作品，不追求幼儿每次活动结果的完美，不强求统一的美术技能的集中训练，而是在自由分散的活动形式、宽松自主的活动氛围中，给幼儿大胆想象和自由创造提供机会，充分满足幼儿创造、想象的需求，增强幼儿美术表现的信心。

二、美术区的环境创设

我们这样想

3—4岁是幼儿色彩的敏感期，也是动作迅速发展的时期，但他们动作的协调性和灵活性还不够，处于迅速发展的时期。幼儿开始关注到周围环境，有主动参与活动的愿望，并开始关注自己的成果。因此，在创设美术区时，我们仍然要注意空间布局的宽敞，位置的合理划分，在物品摆放、美术作品呈现等方面，注意从色彩、造型、位置上，给幼儿视觉刺激，吸引幼儿积极主动地参与活动。

我们这样做

1. 划分独立的小区域。

同2—3岁时一样，我们依然为3—4岁幼儿创设宽敞且半开放、半封闭的美术区域空间。我们根据班级幼儿的兴趣需要，结合活动形式和材料特性，结合墙面和教室布局，利用开放式的区域柜、美工橱或桌椅，将其相对分隔，划分为颜料区、泥工区、折纸区、剪纸区等独立而固定的小区域。在每个小区域中配备操作桌或敞

图7-1

开式的材料柜，为幼儿创造稳定的活动空间，也为幼儿提供自由选择、随时进区活动的场所。（见图7-1）

2. 扩展颜料区的空间。

此阶段幼儿更喜欢涂涂画画，为了满足幼儿的需求，仍可沿用"美术操作墙"，将其作为"绘画墙"置于颜料区中。同时，可增设由小桌子拼合而成的"绘画桌"，铺上塑料桌布，幼儿可直接站立于桌边绘画，还可将纸盒拆开或用泡沫垫铺于地面，直接形成操作地面。幼儿可自由选择不同方式、不同位置、不同内容进行涂画。如，幼儿可在地面上的"大树"上用手掌盖印"树叶"（见图7-2）；可用排刷涂刷纸盒组合而成的汽车、房子、动物等各种形象（见图7-3）；也可在桌面上给树添上小花等（见图7-4）；还可以在铺了大面积纸张或纸板的地面、墙面、桌面上，蘸颜料用车轮滚画（见图7-5），感受一道道由轮胎轨迹形成的特有画面效果。

图7-2

图7-3

图7-4

图7-5

3. 留出空间展示幼儿作品，营造美术创作的氛围。

用纸板做成大树，或立于区域中成为隔挡，或依于墙角成为装饰，幼儿撕搓的柳条、合印的蝴蝶、涂染的树叶、折叠粘贴的花朵等，可随时粘贴、悬挂在树干、树枝上，伴随季节的变化不断更新替换。教师也可在区域中的墙面上设计好背景底板，幼儿每次完成的作品都可自由粘贴在上面，成为一幅幅美丽的"风景画"。如，用简单的色块划分出小河、草地，幼儿手指盖印的迎春花、吹画的梅花、折叠的郁金香等自由粘贴在相应的位置，自然形成一幅春天的风景画；冬天时，幼儿用棉花或白色纸团粘贴，营造漫天飘雪的冬天景象，再添上拼贴的雪人、棉签画的松树等，表现冬天的景象，既起到暗示近期学习内容的作用，又营造出美术创作的氛围，从而吸引幼儿进区活动。同时，幼儿在美术区用颜料涂刷的纸盒作品，也可成为其他区域的隔断、大门、围栏等，成为班级环境中独特的装饰物，形成一道道独特而亮丽的风景。

> 纸板制作的大树成为区域中的隔断，也成为幼儿作品展示的平台

图7-6　　　　　　　　　　　　图7-7

图7-8

图7-9

涂刷的纸盒可做成娃娃家、区域间的隔断或场景

涂刷的纸箱可作为角色游戏"牛奶站"的材料

图7-10

图7-11

 温馨提示

　　此阶段环境创设仍然需要教师事先设计和整体规划，有意识地渗透给幼儿美的感受。教师应注意背景底图色彩与主体形象颜色的合理搭配，根据季节凸显不同的色彩感受。如在春季，多选择嫩绿、鹅黄等粉嫩的颜色表现生机勃勃；夏季，可选用深浅不同的绿营造绿树成荫的氛围；秋季，可选用红、黄系列暖色调的颜色凸显树叶变黄、果实丰收的景象；冬季，可渲染飘

雪的洁白或红火新年的喜庆感。同时，在选择物体造型上仍然延续幼儿喜爱的大而可爱、憨实的卡通形象。

二、美术区规则的建立

我们这样想

　　3—4岁是规则意识培养的关键期，幼儿开始有了初步的规则意识，但因其自控能力较弱，认知水平的局限和较强的自我中心意识，使其对规则的理解和接受受到影响，常出现行为上的偏差，尚不能一贯地遵守规则。因此，针对幼儿的心理发展和思维特点，教师仍然需要对"找空位进区""按标记收放"等基本规则进行巩固和强化，在2—3岁的基础上，规则可以稍复杂些。在规则建立上，教师应注意将规则隐含于环境中，暗藏于材料里，帮助幼儿在实践中练习，不断理解和强化规则意识，从而逐渐养成良好的习惯。

我们这样做

1. 建立"颜料区要穿护衣"的规则。

　　随着颜料区内容的丰富和形式的多样，绘画前穿护衣是很必要的。教师可选择宽松套头的防水护衣，方便幼儿自行穿套后进区活动。教师可根据颜料区的空间大小，提供相应数量的护衣，或悬挂于颜料区进出口显眼处，或逐个放置在抽纸盒中（见图7-12）。幼儿一进区就能看到护衣，就知道该区有空位，以此，既限定了入区人数，又增强幼儿"爱护服装、保持

抽纸盒里装的是颜料区共用的护衣

图7-12

清洁"的意识，使得幼儿能够自主、大胆、尽情地绘画，而不用担心颜料弄脏衣服。

2. 建立"玩完收回原位"的规则。

此阶段，因小区域被分隔、固定，使得材料可固定于桌面或操作柜上，方便幼儿随时进区、自由取用。因此，需建立规则，帮助幼儿养成"玩过后及时收回原位"的习惯。如，使用油画棒涂色换笔时，要及时把笔放到盒中，用一支拿一支，不用的放回原位；做手工时，每换一种材料，就要把刚用过的工具放回到原位。以此，形成有序、整洁的环境氛围，方便幼儿轮流反复操作。根据活动类型和材料特点的不同，教师应选择适合集中收纳、可同时拿放的筐盒置放活动中所需的所有材料和工具。如"涂色树叶"活动中，可用大盒子同时盛放涂色时垫底的垫字板、装有油画棒的小盘和"树叶底纸"，方便幼儿把这些材料和工具重叠摞在一起，集中收放和拿取。又如，"剪贴头发"活动中，教师可提供一组收纳盒，同时摆放纸、剪刀、胶棒，方便幼儿随时选用所需材料剪头发、贴头发，同时能将不用的工具及时放回到盒中，避免散乱在桌上，影响活动。（见图7-13、图7-14）

图7-13

图7-14

3. 建立"安全使用剪刀"的规则。

此阶段幼儿开始使用剪刀，安全使用和规范操作是首要的，也是幼儿必须遵守的规则。因此，在剪纸区的墙面上，教师可结合环境布置，张贴"使用剪刀"和"拿取剪刀"的实物照片，提示幼儿正确使用剪刀的方法和有关规则，如，拿剪刀时，要手握剪刀口；操作剪刀，一只手拿纸，另一只手剪纸时，剪刀头不能对着自己的手，而是要朝向前方；剪刀不能在手中挥舞等。还可通过儿歌、顺口溜等提醒和强化幼儿的操作规则，如"小剪刀手中拿，刀口不用把嘴闭，刀头不冲你我他；递给别人要当心，紧握刀头把朝前"，从而形象生动地帮助幼儿理解和学习安全使用剪刀的方法，并不断巩固强调，强化规范、安全使用剪刀的意识。

❤ **温馨提示**

在建立新规则时，教师要注意及时提醒、适时反馈。如有幼儿出现违反规则和不妥行为时，要及时指导，避免不良习惯和不当行为的形成以及对同伴的负面影响，也要及时鼓励、随时表扬，强化幼儿的良好行为。

四、美术区的材料和内容

我们这样想

3—4岁幼儿能根据工具的特点学习使用简单的工具，想象力不断萌发，但目的性还不强，多以模仿为主，较少有独立的创造性活动，其思维带有很大的直觉行动性，思维的发展依赖于自身的动作和对物体的感知。因此，美术区中的各种美术活动为幼儿提供了使用工具、材料，发挥想象，进行创造性表现的机会。但此阶段幼儿的小肌肉动作还不够协调灵活，精细动作发展不够完善，教师要根据幼儿的动作发展特点，选择适合操作、步骤程序简单、技能要求适宜的活动，在继续沿用2—3岁阶段材料的基础上，还可以增加材料的层次性和种类，也可以相对提高操作的要求。教师仍然需要关注活动材料的趣味性、可操作性和是否容易呈现成果，以此激发幼儿对美术活动的兴趣，初步掌握一些简单的美术工具使用方法和技能。

我们这样做

1. 提供紧密联系认知经验的活动。

教师可结合幼儿的日常生活经验，设计适于表现、操作简单的活动，如运用团圆、搓长、压扁、卷合等技能用橡皮泥制作麻花、花卷、汉堡、夹心饼干等点心；运用撕贴、剪等技能表现细长的头发、面条等物；结合数学区和健康区玩"穿项链"的活动；用绘画的方式学习绕圈涂圆形，表现串珠、冰糖葫芦等。教师还可围绕科学活动和日常观察，引导幼儿在了解常见动植物外形特征的基础上，尝试用不同形式创造性地表现，如，用颜料画、皱纸粘贴表现一串红；用合印画表现手套和蝴蝶，感受其对称的花纹；用手指点画梅花、迎春花，用颜料画长长的蒜叶、柳条等，用美术的方式表达对周围事物的认识，感受自然、生活中的事物。

2. 提供剪刀和适宜剪的材料。

剪刀是此阶段幼儿开始学习和使用的工具，教师除了提供大小合适的儿童安全剪刀，还应注意提供适宜幼儿剪的材料。初期，教师可收集橘子皮、韭菜供幼儿随意剪（见图7-15）；提供厚薄适中且容易剪断的软泡纸、画报纸的边角料，供幼儿任意剪饼干，喂给小动物（见图7-16）；后期，等幼儿能熟练使用剪刀后，提供画好短线的蜡光纸或彩色打印纸，鼓励幼儿尝试沿直线剪面条、剪小草、剪兔毛、剪头发（见图7-17）等，不断练习和掌握使用剪刀的方法和技能。

图7-15

图7-16

图7-17

3. 提供有助于泥塑的辅助材料。

泥工活动逐渐成为区域中幼儿喜爱的活动，可提供颜色鲜艳、松软轻巧、易塑形的油泥和纸黏土，还可提供小棍、树叶、吸管、模具等，辅助幼儿做元宵、面条、棒棒糖、饼干等生活中常见的物品。如，幼儿将油泥团圆插上树叶即成苹果，插上小棍可变成棒棒糖，粘在树枝上又可成为一棵丰收的果树（见美术区活动三），压扁后加上粗的吸管可卷成香肠卷，配上模具还可压制成饼干、点心等。容易塑形且形象的成果，会激发幼儿不断参与活动的兴趣。

图7-18

图7-19

温馨提示

1. 安全实用。剪刀不宜为尖头，要选择圆头的；剪刀口不宜过长，剪刀手柄不宜过小，要适宜幼儿用手掌满把抓握，方便开合使用。

2. 方便适宜。教师应选择扁平浅口、有盖可密封的塑料小盒盛装糨糊，避免盒子过深而幼儿食指点蘸不到，存放时要防止干裂，也可适当提供胶棒，方便幼儿使用而不弄脏手指。

3. 延续适用。此阶段，仍然是每种颜料瓶配备一支笔，幼儿更换颜色时连同颜料中的笔同时更换，避免混淆颜色。同时，颜料数量要多于参与绘画的人数，够幼儿选色换用；仍然要选用手柄相对短粗，适宜一把握、满手抓的排刷笔或扁头油画笔。

五、美术区的教师指导

我们这样想

3—4岁幼儿活动的目的性不强，仍然带有自由随意和无意识的特点，他们容易受到他人的影响，时有跟随和从众的行为表现，也会因个人兴趣、能力水平、动作发展等方面的差异而出现畏难情绪，或在活动中自动放弃、半途而废。因此，教师要注意观察，在兼顾幼儿整体发展的基础上，对个别幼儿进行有针对性的指导，逐渐培养幼儿主动选择活动的意识，鼓励他们坚持完成活动，增强成果意识。

我们这样做

1. 集中示范和讲解，明确操作要求。

有些活动，幼儿从材料中无法直接获悉玩法，有些要用新的技法且步骤比较有讲究，对这些活动，教师就需要在区域活动的开始环节进行简单的介绍。如"合印画手套"活动中，教师可通过变魔术的形式，演示合印的方法和操作步骤，引起幼儿到区域中尝试的兴趣，帮助幼儿明确合印的要领，能有意识地操作。之后，幼儿可迁移此经验，进行类似的合印画活动，如合印蝴蝶、衣服等各种具有对称特点的物体形象。

2. 介绍活动的名称，引发参与兴趣。

有些操作方法简单、没有严格步骤要求的活动，如果仍用示范的方法可能会剥夺幼儿探索的机会，限制幼儿的创造性思维。因此，教师可以只介绍活动名称，引起幼儿的兴趣，鼓励幼儿先自行探索操作。如瓶盖印画、纽扣贴树、撕贴头发等活动的名称就隐含了操作动作和结果，也暗示了使用的材料和玩法，可让幼儿自行探索。

3. 运用图片或视频，鼓励自主探索。

区域中的折纸和泥工活动不需要每次都由教师演示操作步骤，如果时间比较充裕，教师可根据现阶段活动目标和课程内容，提供实物图片供幼儿参考，帮助幼儿有效地调动已有经验，明确活动内容和方法（见图7-20）。教师也可从网上下载或录制微课，利用区域中的电脑，引导幼儿观看视频进行自主学习，宛若教师陪伴在身边，带领幼儿跟随视频进行同步操作，这也更适合幼儿不同的学习速度和方式。初期，教师可专门围绕一个活动内容循环播放；后期，可将相关内容制作成PPT菜单，让幼儿自主选择播放学习。

图7-20

看视频，学做苹果

图7-21

4.请家长配合，参与亲子活动。

教师可邀请家长参加美术区活动的前期准备。如"吹画梅花"活动中，考虑到幼儿气力不足，无法控制墨汁的流向，可请家长在接送幼儿时先吹画梅枝，幼儿再到美术区用棉签或手指直接点画梅花，亲子的合作可使作品更加丰富而生动。教师也可邀请有美术兴趣和专长的家长参与美术区活动的指导，如家长和幼儿一起折纸，一起用油泥做面点，一起进行手掌盖印画。这不仅调动了家长的资源，展示了家长的才艺，而且激发了幼儿参与美术活动的兴趣，有效地发挥了家园共育、亲子同乐的作用。

 温馨提示

1. 3—4岁幼儿仍然需要教师的关注、观察和适时指导。但要注意，能用语言提醒的，不必用动作直接代替，幼儿能够自主探索的尽量不要干涉。

2. 美术技能的学习固然重要，但教师不可一味地强迫幼儿进行枯燥的技能训练，如大面积、单调的涂色，会使幼儿因量多而无法坚持，进而随意胡乱地应付。教师可适当改变方式、设置情境、放宽时间，使幼儿在趣味中、在日积月累中自然获得技能的练习。

3. 教师不要简单地以"像不像、好不好、美不美"等成人的标准来评判幼儿的美术作品，也不应单纯地只关注结果，更不应将固有的模式强加于幼儿。如，教师应允许幼儿选用自己喜欢的颜色表现生活中的事物，如蓝色的苹果、绿色的太阳等，注意倾听幼儿对作品的解读和他们的想法与感受，站在幼儿的角度去理解、欣赏他们的创造与表现。

4. 如果条件允许，可提供iPad，下载"延迟照相"APP，供幼儿拿着自己的作品自拍。教师可根据班级幼儿的实际情况，设置5—8秒的延迟时间和音效提示，以方便幼儿在拍照中调整距离和位置并通过声音判断是否拍完。自拍的作品照既可作为幼儿相互欣赏的内容、对幼儿作品的记录，也可直接传给家长，帮助他们了解班级中幼儿美术区活动的情况。（见图7-22、图7-23）

图7-22

图7-23

六、案例分析

和孩子一起画画

区域活动时间，我对保育员熊老师说："今天，您不妨到美术区，看看孩子们是怎么坑的吧！"

她有些顾虑地说："我能做什么呢？美术区有好几个小区，怎么指导啊？"

"不用着急！主要是观察孩子，先看看他们在做什么？看他们有什么需要帮助的。"我说，并补充道，"不清楚的可以问。"

熊老师来到美术区，坐在了桌边，看着幼儿活动。有的幼儿来到桌边，看了看，又转身走开了；有的在桌边转悠着，似乎有些迟疑。美术区忽然没了"人气"，熊老师干脆吆喝起来："谁来美术区玩啊？"

阿泽径直走到颜料区，拿起了颜料和排刷笔准备挥毫涂鸦，却忘了穿护衣，而一旁的大鹏拿着一件护衣边穿边说："老师，他不穿护衣。"熊老师二话不说，利索地拿起护衣就给阿泽套上，并顺手帮正忙着自己穿护衣的大鹏迅速穿好护衣。

当他们在颜料墙前准备提笔绘画时，熊老师大声地提醒道："注意，画在纸上，别画到外面哦！要涂满啊！"

"老师，他把牛头涂了。"大鹏说。果然，阿泽确实是涂满了，可是却把"牛头"淹没在一片颜色之中。

"哎呀，你怎么乱涂不看啊！"听熊老师这么一说，阿泽似乎已经意识到不妥，赶紧丢下颜料和笔，就要离开。熊老师连忙拉住他，帮他把护衣脱下，提醒道："不玩了，就去洗手吧！"并顺势将他衣袖捋上。熊老师转身看到地上踩踏的颜料印，又赶紧找来一块垫布搁在颜料区地面上，提醒幼儿进出时踩踏。

宸宸站在桌边，不动也不玩，熊老师就势拉他坐下："宸宸，来画画吧！"这时，她忽然发现没铺桌布，看到桌上的垫字板，随即问道："这个是不是画画时垫在纸下的？"

"是啊！聪明，被你发现啦！"我笑着说。

"这也不错，省去了铺桌布收桌布的麻烦，也不会画到桌上了。"说着熊老师把垫字板和小羊画纸一并塞到了宸宸的面前："你画吧！"转而又问我道："怎么画呀？"

"宸宸想画什么样的羊毛？是短线还是圈圈线？"我指导宸宸的同时也是在告诉熊老师，并指着照片夹提醒道："画完要用自己的夹子夹在网格上展览哦！"

熊老师很认真地看着幼儿画画，不再多言。每来一位幼儿，她就快速地将垫字板和作业纸早早地放到他面前，并叮嘱道："画画时，用它垫在纸下，不要画在桌上。"看到宸宸不动手，她就拿着他的手，手把手地快快地画了几笔，很快就画完了，她又迅速地替宸宸找到照片夹把作品夹好、挂好。

"熊老师，不要着急哦，先让孩子们自己来，实在不行，问问他们是否要帮忙。"我笑着说，并提醒幼儿："小朋友画完后，自己去找照片夹将小羊夹在网格上展览。"其实也是在告诉熊老师指导的方法。

活动结束后，熊老师笑着说："你看，今天有好几个小朋友完成了作业，画得还不错呢！"

"怎么样，今天在美术区感受如何？"我试探地询问。

她笑着："美术区内容多，有点忙乱，不知道怎么指导。不过，看到他们有作业完成就很有成就感。"

"刚开始，慢慢熟悉了就好了，就当和他们一起玩。小朋友自己能做的，不要太早帮忙，否则，他们会有依赖性。有时用语言稍加提醒，他们就知道了，不要过多帮忙哦，看他们是否需要。"我说。

第二天，又玩区域活动了，熊老师笑着询问："我还在美术区吗？"

"好啊！多看看，也可以和他们一起玩。"我说。

熊老师这次主动选择了泥工区，几位幼儿正忙着用油泥做苹果。熊老师看了一会儿，忍不住也上手开始做了，她揪了一大块油泥做了一个大苹果。一旁有幼儿指着说："这个大。"她接话："是啊，我做的大苹果，你们也可以呀！"有幼儿揪了一块，又揪了一块，合在一起，团一团，做了一个稍大一点儿的苹果，举起来说："看，我的苹果，大。"

熊老师兴致来了，又拿起油泥，做起了面点。一旁的幼儿开心地看着说："花卷、麻花……熊老师会做这么多点心啊！熊老师真棒！"

一旁的幼儿也开始模仿着做，还跑来告诉我："看我做的点心、大饼、肉卷，请吃吧！"

活动结束后，我问熊老师："怎么样，今天有什么感受？"

"和孩子们一起玩油泥还蛮有意思的，他们和我学呢！"熊老师高兴地说。

教师反思

1. 保育老师参与美术区指导有着积极的意义。

美术区占地空间较大、活动形式多样、工具多种、材料丰富，因活动而产生的环境卫生、材料摆放等问题也相对比较多，这是保育老师特别关注和重视的。此阶段，对于刚进入小班的幼儿，早期规则的建立也尤为重要和关键。因此，充分调动保育老师参与美术区活动的指导，也不失为一个有效途径，不仅有利于保育老师更好地熟悉班级环境和常规，了解幼儿，促进与幼儿之间的互动以增进情感交流，而且相对缓解了教师在多个区域间兼顾不全、分身乏术的困难。

2. 要发挥保育老师的个人优势。

保育老师的工作性质决定了他们在区域指导时，对幼儿的生活护理和卫生保洁特别关注，能有效地帮助幼儿养成物品整齐、材料及时收放的良好习惯。他们也能发挥个人优势，迁移日常做面点的经验，在美术区中和幼儿一起做油泥，现场制作不仅是一种演示，也恰到好处地激起了幼儿的兴趣，无形当中帮助幼儿积累了经验，对幼儿有积极的影响。保育老师还在不经意间获得幼儿的夸赞，稳固了其在幼儿心目中能干的形象。

3. 要帮助保育老师学会适时适度地指导。

保育老师在参与美术区域活动时，有时因专业技能有限，而处于旁观者的"无为"状态，与幼儿缺乏有效的互动，更不用说推进幼儿的发展了。有时，当幼儿遇到困难时，他们往往采取"立即帮助、快速解决"的方式，造成包办代替，某种程度上，限制和剥夺了幼儿自己尝试和动手操作的机会，助长了幼儿的依赖性和惰性。因此，教师要帮助保育老师明确指导的方法：一要学会适当等待，要先耐心观察，给幼儿一段自己尝试的时间和一个自己探索的机会，耐心等到幼儿主动求助；二要懂得适宜帮助，能用语言提醒提示的，绝不轻易动手包办，能够让幼儿自己解决的，绝不插手；三方式要适合，对于年龄尚小的幼儿，多用正面鼓励语言，避免过多"不"字当头的负面语言，说话的语气要温和亲切，避免生硬呵斥造成幼儿的退避和兴趣索然。这些都需要教师传授和耳濡目染地"教"给保育老师。

4. 要多与保育老师沟通。

教师要多了解保育老师的想法，听取他们的建议，及时肯定他们合适的做法，用委婉的语气告知他们不适宜的语言或行为指导，从而调动保育老师参与班级区域活动指导的积极性。有时，教师间接地指导幼儿也是给保育老师一种良好的示范，帮助其积累与幼儿互动的经验和方法。

第二节　美术区活动实例

活动一　秋天的树

【核心经验】

能用各种物品蘸颜料印画，表现秋天的树叶，引起对色彩和不同印痕的兴趣。

【相关经验】

社会领域：学习共享材料、空间，学习简单地与同伴交往、交换材料的方法。

语言领域：学习用简单地语言表达自己的观察和操作方法。

【活动准备】

1.在美工区墙面上设计秋天的大树背景画面。（见图7-24）

2.幼儿收集圈口直径大小不同的物品。（见图7-25）

图7-24

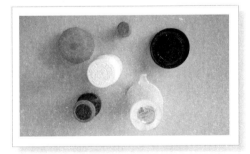

图7-25

3.黄、红、橙色水粉颜料各两罐。

【玩法说明】

1.幼儿选择一种颜色，将颜料罐拿在手上。

2.将颜料罐中的物品蘸色后，在画有大树的底纸上印画树叶，印好后再次蘸色，反复操作。

3. 换颜色时，幼儿将手中的物品放回颜料罐中后，手捧颜料罐和同伴交换后，再用另一种颜色印画。

【活动指导】

1. 集中介绍。

教师引导幼儿观察区域中的大树背景画面以及材料，讲解、演示操作方法以及摆放的位置，强调更换颜色的要求。

2. 观察指导要点。

（1）教师观察幼儿印画方式：拿到颜料罐后，是无目的地在一个地方反复印画，还是有目的地找空的地方印或有意识地重叠印画。

（2）教师观察幼儿使用不同颜色印树叶的情况，鼓励幼儿更换颜色印，根据幼儿情况，引导幼儿把材料放回原来的颜料罐里。

（3）教师观察幼儿与同伴共同使用操作墙和颜料的情况，教师可鼓励幼儿在活动中用语言表达和交流，如"这是我印的树叶""我们换一换颜色，好吗？"等。

3. 分享交流。

（1）作品完成后，教师引导幼儿集体欣赏完整画面，观察不同材料在不同位置印出的树叶的样子。

（2）教师引导幼儿指一指、说一说树叶的颜色、印画的过程中有什么发现，如树叶"有的大、有的小""有的印得很清楚，有的颜色混起来后有变化"等。

（3）教师引导幼儿观察、说一说树叶长在哪里了，是一片还是许多片在一起，像什么。

【活动延伸】

教师还可以引导幼儿用画笔点彩画"秋天的树"，表现秋天树叶的五彩缤纷。

1. 活动准备中的树干应高低错落。

2. 教师可根据墙面情况设计画面高度、大小，以便于幼儿站着印画。画面上应给幼儿留出充足的印画空间。

3. 对幼儿带来的印画物品（漏筛、卷纸芯、药品、杯托等），教师要进行适当筛选，留取便于印画的材料。

活动二 喂娃娃

【核心经验】

用安全剪刀将橘子皮剪成小块，学习美术工具的使用方法。

【相关经验】

健康领域：知道要安全使用剪刀，不做危险的事情。

【活动准备】

1. 结合生活区活动，将幼儿剥下来的橘子皮收集起来。

2. 安全剪刀、塑料小碗、勺子。

3. 自制动物娃娃大嘴罐（可用奶粉罐、纸盒、小筐等材料制作）。（见图7-26、图7-27、图7-28）

图7-26

图7-27

图7-28

图7-29

【玩法说明】

幼儿用剪刀将橘子皮剪成小块，装入小碗里（见图7-29）。完成后，将剪刀放回原处。然后用勺子舀出碎橘皮喂进娃娃的嘴里，边操作边说"娃娃，我喂你吃饭！"

【活动指导】

1. 集中介绍。

（1）教师用语言设置情境，如"娃娃肚子饿了，我们用剪刀把橘子皮剪小一些喂给它们吃吧！"

（2）教师出示剪刀，示范抓握剪刀的正确方法，演示用法，强调安全使用的规则（剪刀不挥舞，不拿剪刀下部、用完放回原位）。

2. 观察指导要点。

（1）教师观察幼儿抓握剪刀、使用剪刀的情况，引导幼儿尽量将橘皮剪小、剪碎。

● 教师用语言提示个别操作有困难的幼儿将剪刀张嘴用力剪，把橘皮剪碎，放进娃娃的小碗里。

● 如果幼儿还有困难，教师可手把手地指导使用剪刀的方法。

（2）教师根据幼儿兴趣，鼓励幼儿说说想喂娃娃吃什么。

（3）教师观察幼儿拿勺子喂娃娃的动作的发展水平，引导幼儿端稳、喂准。

【活动延伸】

1. 生活区里，幼儿自己剥橘子进行品尝或榨汁。

2. 用橘子皮撕贴做成"橘子"画，贴成"橘子树"，丰富、墙饰秋天的主题墙。

活动三 果树

【核心经验】

能用揉、捏、团等方法制作球形果子，装饰树枝，感知彩泥的特点及泥工活动的乐趣。

【相关经验】

科学领域：知道有的果子长在树上（如苹果、梨子、橘子等）。

健康领域：增强手部动作的灵活协调性，以及手的力度。

【材料准备】

1. 红、黄、绿三色彩泥，分块装在保鲜盒里。

2. 捡取枯树枝、枝干，插在有花泥（或泥土）的花盆（奶粉罐、纸盒）里。

（见图7-30）

图7-30

图7-31

【玩法说明】

幼儿从盒中拿一块彩泥，分出一小块，将小块彩泥放在手心里，运用抓、捏、团等方法制作成果子，将果子插在树枝上（见图7-31）。用相同的方法、不同颜色的彩泥反复操作。

【活动指导】

1. 集中介绍。

（1）教师出示果树（果树上有几个做好的果子），鼓励幼儿观察后猜测制作方法。

（2）教师用语言介绍制作方法，明确彩泥不用时放回盒子里的活动规则。

2. 观察指导要点。

（1）幼儿尝试制作果子，教师观察其操作动作，了解幼儿团彩泥的已有经验及动作发展情况。教师通过语言"做个圆圆的果子"，鼓励幼儿多练习手部的动作，尽量团圆。

（2）教师观察、了解幼儿在树枝上插上果子的策略和方法，鼓励幼儿找空树枝耐心地操作。

3. 分享交流。

教师引导幼儿说说树上长的是什么果子，鼓励幼儿大胆表达。

【活动延伸】

1. 教师带领幼儿拾取小叶黄杨等小叶片，插在果子上，继续丰富果树造型。

2. 教师在教室里展示果树，装饰环境，鼓励幼儿反复参与活动。

活动四　车轮滚画

【核心经验】

用车轮蘸颜料，在纸上推动汽车，观察车轮留下的印痕，感受线条和色彩叠加后形成的有趣效果。

【相关经验】

语言领域：边操作边用拟声词或简单语言进行表达。

科学领域：感知车轮滚动的现象。

【活动准备】

1. 能铺满桌面或一块地面的黑色、白色大张卡纸。（见图7-32）

2. 幼儿自带玩具小汽车（选取便于抓握，车轮花纹、粗细不同的小汽车），在明显位置贴上和颜料对应的即时贴标记。（见图7-33）

图7-32

图7-33

3. 红、黄、蓝等多种颜色的颜料，可用较大塑料盒盛放。盒子大小以便于小汽车车轮在里面滚动为宜。（见图7-34）

图7-34

【玩法说明】

幼儿选择一辆小汽车，放进与小汽车相同颜色的颜料盒里，并用车轮蘸上颜料。将小汽车拿出来，在卡纸上来回开出轨迹。换颜色时，幼儿先将小汽车送回颜料盒，再找到其他颜色及对应的汽车，重复前面的操作动作。

【活动指导】

1.集中介绍。

（1）教师出示玩具汽车、颜料等材料，用语言创设"马路上"的游戏场景，帮助幼儿明确活动内容。

（2）教师引导幼儿调动已有经验，猜测操作方法，并让幼儿明确收放小车的规则（根据小汽车上的颜色标记，把它放回相同颜色的盒子）。

2.观察指导要点。

（1）教师观察幼儿进区活动的情况，根据幼儿的兴趣和需要适当指导幼儿活动。

●教师鼓励幼儿尝试用不同颜色、纹路的车轮在纸上滚画出长的轨迹，观察车轮滚动形成的连续线条和色彩的叠加带来的画面效果。（见图7-35、图7-36）

●教师观察幼儿操作中的兴趣、状态，鼓励幼儿边游戏边用语言提示自己推动小车，同时进行表达，如"滴滴，汽车开来了""红红的花纹出来啦"等。

（2）教师通过语言提示或同伴示范，进一步强调把汽车放回相应颜色盒子里的规则。

图7-35

图7-36

【活动延伸】

1.结合主题活动布置热闹的马路墙饰（见图7-37）。

2. 开展弹珠滚画颜料活动，进一步观察印迹美（见图7-38）。

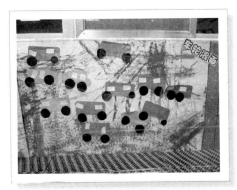

图7-37

图7-38

活动五 一罐糖果

【核心经验】

能用抓、捏、团等方式制作小纸团，塞进同色纸装饰的糖罐里，关注并认识常见颜色。

【相关经验】

健康领域：发展手部动作的精细性，以及双手的协调性。

【活动准备】

1. 将彩色皱纸裁成正方形（见图7-39、图7-40），放在小筐中。

图7-39

图7-40

2. 准备口较小、两头开口的透明塑料糖罐，用相应颜色即时贴纸在糖罐两端贴上花边（见图7-39、图7-40），或者选用一头开口、口较小、有一定深度的透明塑料罐。

3. 已完成的范例一份。

【玩法说明】

幼儿在小筐中拿一张皱纹纸，用自己的方式制作糖果（如在手心里用抓、捏、团等动作做成小纸团），将糖果根据花边的颜色放进相应的塑料糖果罐中。（见图7-41、图7-42）

图7-41

图7-42

【活动指导】

1. 集中介绍。

教师用语言"我们做些'小圆糖'放进糖果罐里吧！"引导幼儿观察材料。

2. 观察指导要点。

（1）教师鼓励幼儿自己尝试把纸片团成团放入糖果罐中。

（2）教师观察幼儿的操作动作，了解幼儿的已有经验及动作发展情况。

（3）如果幼儿团纸团有困难，教师可引导幼儿相互观察、模仿，或用语言指导，如"抓一抓、捏一捏，放在手心转圈圈，变成圆圆的小糖果"。

（4）教师观察、了解幼儿放糖果的策略和方法，如摇一摇、手指戳一戳、两头塞一塞等，鼓励幼儿自己动手将糖果放进罐子里。

【活动延伸】

教师提供不同材料让幼儿练习团圆动作，感受不同材料（包花纸、纸黏土等）的不同操作体验。

活动六 手掌树

【核心经验】

学习用手掌蘸颜料印出手形树叶，感受色彩相融产生的奇异变化。

【相关经验】

健康领域：感知自己手掌的基本形状。

社会领域：愿意用手掌压印颜料，画完后能够自己去水池洗干净。

【活动准备】

1. 桌上铺好大张的白色铅画纸或浅色云彩纸。

2. 内有海绵的红、黄、绿三色颜料盒。

3. 擦手的抹布若干块。

4. 在美术区的墙面上贴好树干造型，可与折纸等其他美术区内容结合布局。

【玩法说明】

幼儿选择一种颜色的颜料盒，手掌放入其中按压海绵，蘸上颜料后，在大画纸上按压手形。换颜色操作时先用抹布将手掌上的已有颜料擦干净。全部操作完成后，幼儿去水池洗干净手掌。

【活动指导】

1. 集中介绍。

教师用语言引导幼儿观察墙上的大树，介绍有关材料摆放的位置和操作方法，强调换颜色时要擦干净手掌，以免混色。

2. 观察指导要点。

（1）教师观察幼儿用手掌在颜料盒中蘸颜料的情况。

● 教师引导幼儿压一压、看一看，将整个手掌都蘸上颜料，按压出较完整的掌印。

●教师引导幼儿注意蘸上颜料的手掌不要随意触碰其他地方，只在区域里的大画纸上压印。

（2）教师引导幼儿和同伴一起在画纸上压印手掌图案，幼儿可在同伴手掌印的基础上重叠或找空地方压印。

（3）教师鼓励幼儿用不同的颜色印画，提醒幼儿换颜色时用抹布把手擦干净。

3.分享交流。

教师引导幼儿观察压印出来的手掌痕迹，感受手掌画组合出来的视觉效果。

【活动延伸】

教师将幼儿完成的画面剪成树冠造型，组合张贴在美术区墙面的树杆上。（见图7-43、图7-44）

图7-43

图7-44

活动七 做点心

【核心经验】

运用模具在彩泥块上压出点心造型，初步学习用工具进行制作。

【相关经验】

语言领域：学习用简单的语句表达自己制作的结果。

【活动准备】

1.各种颜色的彩泥，分块装在保鲜盒里。（见图7-45）

2.镂空的彩泥模具。（见图7-46）

3.纸盘、泥工板。

4.制作好用模具压印点心的视频。

图7-45

图7-46

【玩法说明】

幼儿选取一块彩泥，捏软、搓圆、压扁，将模具用力在彩泥上压印，剔除多余的彩泥，捏成团放回彩泥盒中，然后小心地取出压好的彩泥模型，摆放在餐盘中。

【活动指导】

观察指导要点。

（1）教师循环播放视频，吸引幼儿参与活动，明确制作步骤。

（2）教师观察、了解幼儿的操作情况，鼓励幼儿观看微课学习制作点心。

● 教师引导幼儿观看视频，学习先将彩泥捏捏软再制作点心。（见图7-47）

● 教师引导幼儿将多余的彩泥小心地剔除。

（3）教师鼓励幼儿摆盘时注意和其他作品分开，保持作品完整（见图7-48），可帮助幼儿进行颜色、形状搭配，并鼓励幼儿用语言说一说自己做的是什么。

图7-47

图7-48

【活动延伸】

1. 幼儿制作的点心可放在娃娃家里面玩角色游戏。

2. 教师可提供半封闭的彩泥模具供幼儿做点心。（见图7-49）

图7-49

1. 教师应根据园所条件和幼儿的操作经验选择用制作步骤图还是用视频播放制作步骤。

2. 视频中有语言和动态，幼儿可以边看边模仿，还可以暂停和回放，教师可以让有相应操作经验的幼儿尝试使用。

3. 视频可以帮助幼儿了解活动玩法，当幼儿了解后建议去掉视频，避免限制幼儿的自由创作。

活动八　柳树

【核心经验】

学习搓、挂长长的皱纹纸条，表现柳条细细长长的样子。

【相关经验】

科学领域：知道柳树在春天发芽、长叶。

健康领域：发展双手协调能力。

【活动准备】

1. 剪成长条的绿色皱纹纸，剪成绿叶形状的打印纸或皱纹纸。（见图7-50）

2. 捡取树枝插在有花泥（或泥土）的花盆（奶粉罐、纸盒）里，并垂挂一些制作好的柳条。

3. 胶棒、抹布。

【玩法说明】

1. 幼儿双手配合将绿色皱纹纸拉开成长条，直接垂挂在树枝上。

2. 幼儿将长条皱纹纸搓成细长柳条，贴上柳叶，垂挂在树枝上。（见图7-51）

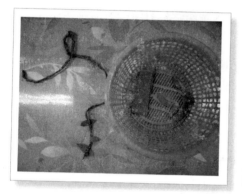

图7-50

图7-51

【活动指导】

1.集中介绍。

（1）教师介绍枝条、皱纹纸等材料，运用语言设置情境，如"春天到了，柳树要发芽了"。

（2）教师请幼儿观察范例，猜测制作方法。

2.观察指导要点。

（1）教师观察幼儿进区活动的情况，根据幼儿的动作发展情况和兴趣适当指导幼儿活动。

● 活动开展初期时，幼儿把皱纹纸打开，抽拉成长条，直接挂在树枝上即可。在降低活动难度的同时，教师帮助幼儿感受柳树长出了绿色的柳条，柳条要挂在树枝上。

● 教师观察幼儿是否会找不同的地方挂柳条（可以是空的地方，也可以重叠），如发现幼儿挂不上，教师可引导幼儿观察挂的方法，模仿练习。（见图7-52）

图7-52

● 教师引导幼儿相互模仿学习搓柳条的动作，并将树叶粘贴在柳条上，教师用情境鼓励幼儿搓出细细的柳条。

（2）教师引导幼儿操作完成后，用抹布擦干净双手，收拾材料，摆放回原处。

活动九　蛋壳小鸡

【核心经验】

学习在鸡蛋壳上刷颜色，并粘贴小鸡身体各部位，制作出小鸡的造型。

【相关经验】

科学领域：了解小鸡的基本外形特征。

【活动准备】

1. 收集生鸡蛋的完整蛋壳。

2. 塑料管或筷子一头插在油泥盒子里，一头插在鸡蛋大头的洞里。

3. 小排刷、黄色颜料盒、抹布。

4. 展示小鸡的实物图片和完成作品。

5. 分类盒里装上小鸡的嘴、眼、脚、翅膀等纸质材料。（见图7-53）

图7-53

【玩法说明】

在蛋壳上用小排刷蘸颜料刷颜色，贴上相应的嘴、眼睛、脚，组合成小鸡的造型（见图7-54、图7-55）。

图7-54

图7-55

【活动指导】

1.集中介绍。

（1）教师出示小鸡图片，引导幼儿观察小鸡的基本特征（颜色、身体各部位）。

（2）教师介绍鸡蛋壳、颜料等材料以及摆放的位置，示范、讲解制作方法。

2.观察指导要点。

（1）教师观察幼儿使用小排刷刷颜色的动作是否协调，鼓励幼儿自己想办法调整蛋壳的方向和角度，将蛋壳刷满颜料。

（2）教师引导幼儿观察小鸡的实物图片，利用湿颜料的黏性，根据自己的理解，在小鸡身体的相应部位贴上眼睛、嘴、翅膀、脚等材料，完成小鸡的制作。

（3）教师提醒幼儿及时将手上的颜料擦干净。

【活动延伸】

作品完成后，可与撕纸活动结合，引导幼儿给小鸡做鸡窝，并放进

图7-56

去展示。（见图7-56）

 小贴士

　　空蛋壳留取方法：用粗针、剪刀、锥子在生鸡蛋大、小头各戳一个孔，其中大头处孔洞较大。在小头孔处用力吹气，用碗接住流出的蛋液，即可留下空蛋壳。

活动十　喂小动物吃草

【核心经验】

能用剪刀沿线剪短直线，进一步学习剪刀的使用方法。

【相关经验】

健康领域：增强手部动作的灵活协调性。

社会领域：有一定的耐心，愿意坚持完成作品。

【活动准备】

1. 深浅绿色方形打印纸若干，每张2cm×5cm大小，画上1cm宽长直线若干条。

2. 安全剪刀、废纸筐、胶棒（或糨糊）。

3. 有小羊、小兔、小鸡等食草动物的图案底版。（见图7-57、图7-58）

图7-57

图7-58

【玩法说明】

拿剪刀沿线剪直直的小草，用胶棒将小草贴在草地上。

【活动指导】

1. 观察指导要点。

（1）教师观察幼儿剪草的过程，了解他们抓握剪刀、使用剪刀的情况。

● 教师引导幼儿相互学习，掌握正确使用剪刀剪小草的方法：一手拿纸，一手抓握剪刀，刀尖朝外沿线剪。

● 教师引导幼儿用完剪刀及时放回原处。

（2）教师观察幼儿使用胶棒进行粘贴的情况，鼓励幼儿将剪好的小草用胶棒粘贴在草地上，并坚持贴完。

2. 分享交流。

（1）教师引导幼儿相互欣赏作品，观察不同的草地组合造型。

（2）教师鼓励幼儿观察表述画面内容，如"小草"在小动物嘴里、几根长在一起等。

【活动延伸】

教师引导幼儿用撕、剪直线方法给宝宝贴头发、喂小动物吃面条等。

（见图7-59至图7-62）

图7-59

图7-60

图7-61

图7-62

出 版 人　所广一
责任编辑　徐　杰
版式设计　孙欢欢　博祥图文
责任校对　贾静芳
责任印制　叶小峰

图书在版编目(CIP)数据

幼儿园开放性区域活动指导. 3~4岁/吴邵萍主编. —
北京：教育科学出版社，2015.12(2022.3重印)
　ISBN 978-7-5041-9952-2

　Ⅰ.①幼…　Ⅱ.①吴…　Ⅲ.①活动课程—学前教育—
教学参考资料　Ⅳ.①G613

　中国版本图书馆CIP数据核字(2015)第245057号

幼儿园开放性区域活动指导　3—4岁

YOU'ERYUAN KAIFANGXING QUYU HUODONG ZHIDAO　3—4SUI

出版发行	教育科学出版社		
社　　址	北京·朝阳区安慧北里安园甲9号	市场部电话	010-64989572
邮　　编	100101	编辑部电话	010-64989386
传　　真	010-64989419	网　　址	http://www.esph.com.cn
经　　销	各地新华书店		
制　　作	北京博祥图文设计中心		
印　　刷	唐山玺诚印务有限公司		
开　　本	720毫米×1020毫米　1/16	版　　次	2015年12月第1版
印　　张	15	印　　次	2022年3月第5次印刷
字　　数	190千	定　　价	45.00元